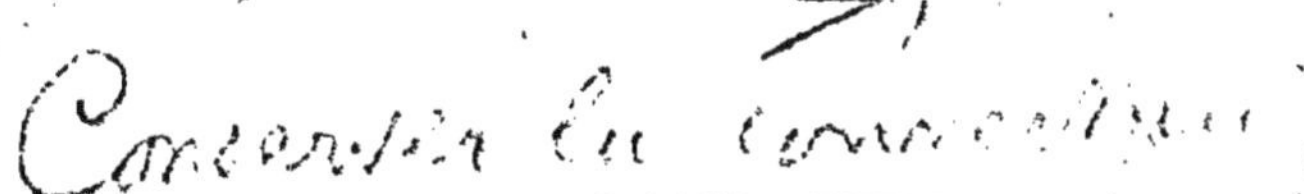

PREMIÈRE ANNÉE

Petit Guide Limousin

CONTENANT

LA MARCHE DES TRAINS

LES FOIRES DU DÉPARTEMENT

DES

Renseignements divers sur la Région

ET DES

MONUMENTS HISTORIQUES DU LIMOUSIN

LIMOGES

Imprimerie A. HERBIN, 1, Boulevard Montmailler

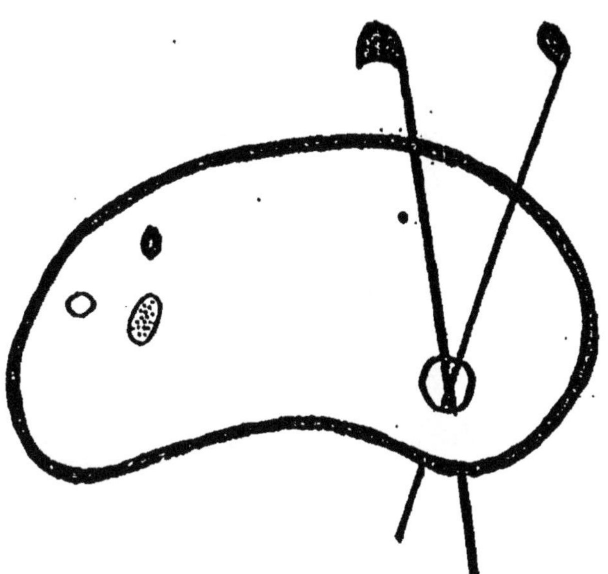

**FIN D'UNE SERIE DE DOCUMENTS
EN COULEUR**

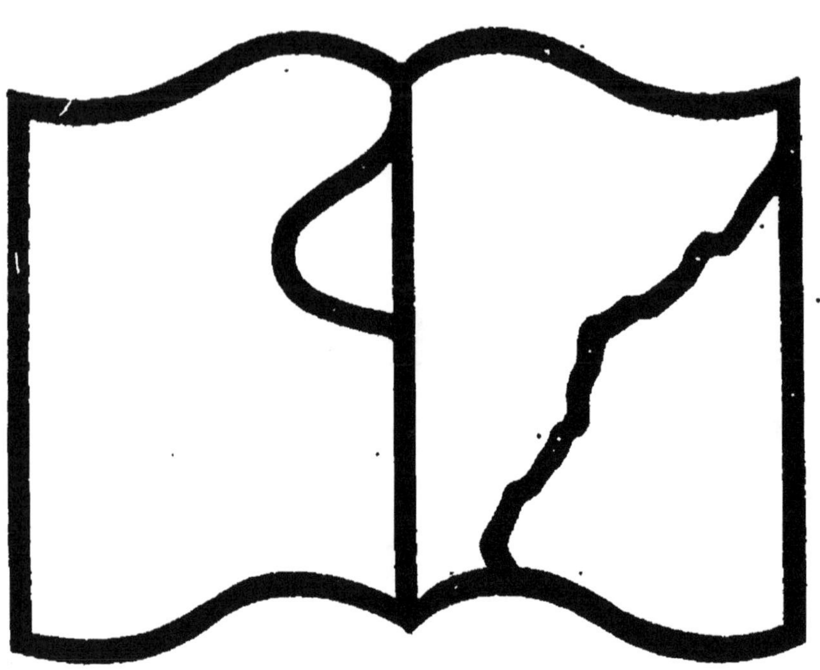
Texte détérioré — reliure défectueuse
NF Z 43-120-11

JANVIER		
1	M	[illegible]
2	J	[illegible]
3	V	[illegible]
4	S	S. Rigobert
5	D	S. Siméon
6	L	ÉPIPHANIE
7	M	S. Mélanie
8	M	S. Lucien
9	J	S. Adrien
10	V	S. Agathon
11	S	S. Théodore
12	D	S. Arcadius
13	L	Bapt. de J.-C.
14	M	C S. Hilaire
15	M	S. Maur
16	J	S. Guillaume
17	V	S. Antoine
18	S	Ch. de S. Pier.
19	D	S. Sulpice
20	L	● S. Sébast.
21	M	Ste Agnès
22	M	S. Vincent
23	J	S. Raymond
24	V	S. Timothée
25	S	Conv. S. Paul
26	D	S. Polycarpe
27	L	) S. J. Chrys.
28	M	S. Charlemag
29	M	S. Fr. de Sale
30	J	Ste Bathilde
31	V	Ste Marcelle

FÉVRIER		
		● 7 h. 33 à 4 h. 56
1	S	S. Ignace
2	D	SEPTUAGÉS.
3	L	S. Blaise
4	M	S. Gilbert
5	M	O Ste Agathe
6	J	S. Amand
7	V	S. Romuald
8	S	S. Jean de M.
9	D	SEXAGÉSIME
10	L	Ste Scholast.
11	M	S. Séverin
12	M	C Ste Eulalie
13	J	S. Grégoire
14	V	S. Valentin
15	S	S. Faustin
16	D	QUINQUAGÉS.
17	L	S. Flavien
18	M	MARDI-GRAS
19	M	● CENDRES
20	J	S. Sadoth
21	V	S. Théophan
22	S	Ste Isabelle
23	D	QUADRAGÉS.
24	L	S. Mathias
25	M	S. Taraise
26	M	D S. Nestor
27	J	Ste Honorine
28	V	Ste Aveline

l'année russe retarde de 12 jours

MARS		
		● 6 h. 41 à 5 h. 42
1	S	S. Aubin
2	D	REMINISCER.
3	L	Ste Cunégond
4	M	S. Casimir
5	M	Ste Perpétue
6	J	O Ste Colette
7	V	S. Th. d'Ap.
8	S	S. Jean de D.
9	D	OCULI
10	L	S. Macaire
11	M	S. Euloge
12	M	S. Paul év.
13	J	S. Grégoire
14	V	C Ste Mathild.
15	S	S. Zacharie
16	D	LÆTARE
17	L	S. Patrice
18	M	S. Alexandre
19	M	S. Joseph
20	J	● PRINTEMP
21	V	S. Benoît
22	S	S. Emile
23	D	LA PASSION
24	L	S. Simon m.
25	M	ANNONCIAT.
26	M	S. Ludger
27	J	S. Jean er.
28	V	) Ste Dorothé
29	S	S. Gontran
30	D	RAMEAUX
31	L	Ste Balbine

AVRIL		
		● 5 h. 40 à 6 h. 28
1	M	S. Valéry
2	M	S. F. de Paule
3	J	Ste Irène
4	V	S. Platon
5	S	O S. Albert
6	D	PAQUES
7	L	S. Hégésippe
8	M	S. Hautier
9	M	Ste Marie égy.
10	J	40 Martyrs
11	V	S. Léon p.
12	S	S. Jules
13	D	S. Marcellin
14	L	S. Tiburce
15	M	S. Elme
16	M	S. Paterne
17	J	S. Anicet
18	V	S. Parfait
19	S	● S. Timon
20	D	S. Théodore
21	L	S. Anselme
22	M	Ste Opportune
23	M	S. Georges
24	J	S. Léger
25	V	St Marc
26	S	S. Clet
27	D	) S. Anastas
28	L	S. Vital
29	M	S. Robert
30	M	S. Eutropa

MAI		
		● 4 h. 43 à 7 h. 13
1	J	S. Ph. S. Jacq
2	V	S. Athanase
3	S	Inv. de Ste Cr.
4	D	O Ste Monique
5	L	Conv. S. Aug
6	M	S. Jean P. L.
7	M	S. Stanislas
8	J	S. Désiré
9	V	S. Grégoire
10	S	S. Antonin
11	D	C S. Isidore
12	L	ROGATIONS
13	M	S. Servais
14	M	S. Pacôme
15	J	ASCENSION
16	V	S. Honoré
17	S	S. Pascal
18	D	● S. Eric
19	L	S. Yves
20	M	S. Bernard
21	M	S. Hospice
22	J	Ste Julia
23	V	S. Didier
24	S	S. Vinc. de L.
25	D	PENTECOTE
26	L	) S. Ph. de N.
27	M	Ste Caroline
28	M	S. Germain
29	J	S. Maxime
30	V	S. Félix
31	S	Ste Pétronille

JUIN 1890		
		● 4 h. 34 à 7 h. 52
1	D	TRINITÉ
2	L	S. Pothin
3	M	O Ste Clotilde
4	M	S. Quirin
5	J	FÊTE-DIEU
6	V	S. Norbert
7	S	S. Lié
8	D	S. Médard
9	L	C Ste Pélagie
10	M	S. Landry
11	M	S. Barnabé
12	J	Ste Stéphanie
13	V	S. Ant. de P.
14	S	S. Basile
15	D	S. J. Fr. Régis
16	L	S. Cyr
17	M	S. Avit
18	M	Ste Marine
19	J	S. Gerv. S. P.
20	V	S. Philadelp.
21	S	ÉTÉ
22	D	S. Paulin
23	L	Ste Basilide
24	M	S. Jean-Bap.
25	M	) S. Prosper
26	J	S. Maxence
27	V	Ste Adèle
28	S	S. Irénée
29	D	S. Pier. S. P.
30	L	C. de S. P.

DÉPEANT A PARIS

JUILLET		
		● 4 h. 2 à 8 h. 5
1	M	S. Thibaut
2	M	O Visite N D
3	J	S. Anatole
4	V	Ste Berthe
5	S	S. Zoé
6	D	Ste Angèle
7	L	Ste Auberge
8	M	Ste Céline
9	M	C S. Cyrille
10	J	Ste Félicité
11	V	Tr. S. Benoît
12	S	S. Gualbert
13	D	S. Eugène
14	L	FÊTE-NAT.
15	M	S. Henri
16	M	N.-D. du M. C.
17	J	O S. Alexis
18	V	S. Frédéric
19	S	S. Vinc. de P.
20	D	Ste Marguerit.
21	L	S. Victor
22	M	Ste Madeleine
23	M	Ste Apolinair
24	J	Ste Christine
25	V	[illegible]
26	S	[illegible]
27	D	[illegible]
28	L	[illegible]
29	M	[illegible]
30	M	[illegible]
31	J	[illegible]

AOUT		
		● 4 h. 34 à 7 h. 37
1	V	Ste Sophie
2	S	S. Pier. aux L.
3	D	S. Etienne p.
4	L	S. Dominiq.
5	M	S. Lucain
6	M	TRANSFIGUR.
7	J	C S. Gaëtan
8	V	S. Emilien
9	S	S. Camille
10	D	S. Laurent
11	L	Ste Suzanne
12	M	Ste Claire
13	M	S. Hippolyte
14	J	S. Eusèbe
15	V	O ASSOMPT.
16	S	S. Roch
17	D	S. Mammès
18	L	Ste Hélène
19	M	S. Louis év.
20	M	S. Bernard
21	J	S. Privat
22	V	S. Pie
23	S	) Ste Jeanne
24	D	S. Barthélem
25	L	S. Louis r.
26	M	S. Zéphirin
27	M	S. Césaire
28	J	S. Augustin
29	V	S. Maffry
30	S	O Ste R.
31	D	S. [illegible]

SEPTEMBRE		
		● 5 h. 18 à 6 h. 41
1	L	S. Gilles
2	M	S. Alphonse
3	M	S. Grégoire
4	J	St Rosalie
5	V	S. Bertin
6	S	C S. Eleuth.
7	D	S. Cloud
8	L	LA NATIVITÉ
9	M	S. Omer
10	M	Ste Pulchérie
11	J	S. Hyacinthe
12	V	S. Raphaël
13	S	S. Maurille
14	D	● Ex. de Ste Cr
15	L	S. Nicomède
16	M	S. Corneille
17	M	S. Lambert
18	J	S. Ferréol
19	V	S. Janvier
20	S	S. Eustache
21	D	) S. Mathieu
22	L	AUTOMNE
23	M	S. Lin
24	M	S. Gérard
25	J	S. Firmin
26	V	Ste Justine
27	S	S. Cosme
28	D	O S. Venceslas
29	L	S. Michel
30	M	S. Jérôme

OCTOBRE		
		● 6 h. 1 à 5 h. 38
1	M	S. Remi
2	J	SS. Ang. gar.
3	V	S. Denys
4	S	S. Fr. d'Ass.
5	D	C S. Placide
6	L	S. Bruno
7	M	Ste Juliette
8	M	Ste Brigitte
9	J	S. Denys év.
10	V	S. Fr. Borgia
11	S	S. Probe
12	D	S. Conrad
13	L	● S. Édouard
14	M	S. Calixte
15	M	Ste Thérèse
16	J	S. Gal
17	V	Ste Edvige
18	S	S. Luc
19	D	S. Savinien
20	L	S. Agricol
21	M	) Ste Ursule
22	M	S. Phil. Hér.
23	J	S. Léotade
24	V	S. Magloire
25	S	S. Crépin
26	D	S. Evariste
27	L	O S. François
28	M	S. Sim. S. J.
29	M	S. Narcisse
30	J	S. Marcel
31	V	S. enfin

NOVEMBRE		
		● 6 h. 48 à 4 h. 38
1	S	TOUSSAINT
2	D	TRÉPASSÉS
3	L	S. Hubert
4	M	C S. Charles
5	M	Ste Bertille
6	J	S. Léonard
7	V	S. Ernest
8	S	RELIQUES
9	D	S. Mathurin
10	L	S. Juste
11	M	S. Martin
12	M	● S. René
13	J	S. Brice
14	V	S. Pantène
15	S	Ste Gertrude
16	D	S. Eucher
17	L	S. Aguan
18	M	S. Romain
19	M	Ste Elisabet
20	J	S. Edmond
21	V	Prés. de N. D.
22	S	Ste Cécile
23	D	S. Clément
24	L	S. J. de la Cr.
25	M	Ste Catherine
26	M	S. P. d'Al.
27	J	S. Maxime
28	V	Ste Blanche
29	S	S. Saturnin
30	D	AVENT

FUNÉRAILLE DÉPEANT

DÉCEMB. 189		
		● 7 h. 31 à 4 h. 4
1	L	S. Eloi
2	M	Ste Bibianne
3	M	S. Fulgence
4	J	C Ste Barbe
5	V	S. Nicet
6	S	S. Nicolas
7	D	S. Ambroise
8	L	S. Alfred
9	M	Ste Léocadie
10	M	Ste Valère
11	J	S. Damase
12	V	● Ste Rosaline
13	S	Ste Luce
14	D	S. Nicaise
15	L	S. Eusèbe
16	M	Ste Adélaïde
17	M	Ste Olympe
18	J	) S. Gatien
19	V	S. Cyprien
20	S	S. Philadelph
21	D	HIVER
22	L	S. Fabien
23	M	Ste Victoire
24	M	Ste Emilienne
25	J	NOEL
26	V	O S. Etienne
27	S	S. Jean ap.
28	D	Innocents
29	L	[illegible]
30	M	S. Sabin
31	M	S. S.

LIMOGES — ST-SULPICE — VIERZON — ORLÉANS — PARIS.

Prix des Places			STATIONS	326 OMNIB. 1.2.3.	1614 OMNIB. 1.2.3.	30 EXPRES 1.2.3.	2 OMNIB. 1.2.3.	25 DIRECT 1.2.3.	40 EXPRES 1.2.3.	10 OMNIB. 1.2.3.	2138 MIXTE 1.2.3	16 EXPRES 1re cl.
1re cl. fr. c.	2e cl. fr. c.	3e cl. fr. c.		matin	matin	matin		matin	soir	soir	soir	soir
»	»	»	LIMOGES-Bén.	5 55	7 15	8 22	midi 58	2 30	3 57	4 27	5 52	9 43
0 70	0 55	0 35	Puy-Imbert	»	»	8 27	1 02	»	4 02	4 31	5 59	»
1 55	1 20	0 85	Bardys-s.-Pr.	6 15	7 35	»	1 20	»	»	4 50	6 36	»
2 35	1 75	1 25	Ambazac	6 28	7 48	»	1 32	»	»	5 03	7 03	»
3 15	2 40	1 75	La Jonchère	6 44	8 04	»	1 47	»	»	5 19	7 37	»
4 15	3 10	2 30	St-Sulpice (arr.)	6 56	8 16	9 12	1 58	3 22	4 47	5 31	7 57	10 30
			St-Sulpice (dé.)	7 01	matin	9 15	2 03	3 29	4 51	5 40	==	10 32
4 95	3 65	2 65	Bersac	7 11		»	2 13	»	»	5 50	»	»
6 15	4 60	3 40	Fromental	7 29		»	2 29	»	»	6 08	»	»
7 35	5 55	4 5	La Souteraine	7 48		9 42	2 47	4 10	5 17	6 27	»	10 58
8 70	6 50	4 75	Forgevieille	8 06		»	3 04	»	»	6 45	»	»
9 70	7 30	5 30	St-Sébastien (arr.)	8 16		»	3 13	»	5 35	6 55	»	»
			St-Sébastien (dé.)	8 20		»	3 17	»	5 36	7 00	»	»
10 45	7 85	5 75	Eguzon	8 30		»	3 27	4 43	»	7 10	»	»
11 80	8 85	6 45	Celon	8 45		»	3 41	4 58	»	7 25	»	»
13 20	9 90	7 25	Argenton (arr.)	8 58		10 25	3 53	5 11	6 03	7 38	»	11 41
			Argenton (dé.)	9 02		10 29	3 57	5 16	6 05	7 43	»	11 43
16 95	12 75	9 35	Châteauroux	10 04		11 23	4 53	6 13	6 59	8 41	»	min 18
20 35	15 20	11 15	Issoudun	10 44		11 49	5 33	6 51	7 25	9 20	»	min.43
24 75	18 55	13 60	Vierzon (arri.)	11 43		mid. 20	6 33	7 49	7 56	10 18	»	1 16
			Vierzon (dép.)	matin		midi 30	7 02	8 10	8 05	10 55	»	1 19
34 70	26 00	19 10	Orléans	==		2 19	9 55	11 00	9 47	min. 50	»	2 47
49 60	37 15	27 25	PARIS			4 28	1 13	2 48	11 37	4 01	»	4 28
						soir	matin	soir	soir	matin		matin

PARIS — ORLÉANS — VIERZON — ST-SULPICE — LIMOGES.

STATIONS	1 OMNIB. 1.2.3.	5 EXPRES 1.2.3.	11 EXPRES 1.2.3.	1615 OMNIB. 1.2.3.	21 EXPRES 1ʳᵉ cl.	2135 MIXTE 1.2.3.	17 DIRECT 1.2.3.	35 DIRECT 1.2.3.	37 DIRECT 1.2.3.
		matin	matin		soir	»	soir	soir	matin
PARIS .....dép.	min.45	7 45	9 10	»	7 40	»	2 20	9 50	
Orléans.........	5 45	9 16	11 35	»	9 15	»	6 05	min.44	
Vierzon {arrivée	7 46	10 57	2 05	»	10 53	»	8 13	2 55	
Vierzon {départ.	8 14	11 18	2 42	»	11 »	»	8 37	3 15	3 45
Issoudun	9 13	11 50	3 40	»	11 33	»	9 42	4 03	4 33
Châteauroux......	10 06	midi17	4 34	»	min.01	»	10 32	4 42	5 12
Argenton. {arr.	10 54	midi45	5 22	»	min.29	»	11 17	5 26	5 56
Argenton. {dép.	10 59	midi48	5 42	»	min.33	»	11 25	5 31	6 01
Célon............	11 19	»	6 03	»	»	»	11 46	5 50	6 20
Eguzon..........	11 37	»	6 22	»	»	»	»	6 07	6 37
St-Sébastien. {arr.	11 48	»	6 35	»	»	»	»	6 17	6 47
St-Sébastien. {dép.	11 53	»	6 39	»	»	»	»	6 22	6 52
Forgevieille	midi06	»	6 53	»	»	»	»	6 34	7 04
La Souterraine....	midi27	1 40	7 16	»	1 32	»	min.18	6 55	7 24
Fromental........	midi44	»	7 31		»	»	»	7 08	7 37
Bersac	midi59	»	7 50		»		»	7 25	7 54
ST-SULPICE {arrivée	1 10	2 07	8 02	soir	1 59	soir	1 28	7 35	8 04
ST-SULPICE {départ.	1 25	2 10	8 10	5 29	2 06	9 25	2 16	7 40	8 10
La Jonchère	1 39	»	8 25	5 42	»	9 46	»	7 55	8 24
Ambazac..........	1 51	»	8 38	5 55	»	10 03	»	8 04	8 36
Les Bardy-St-Priest	2 00	»	8 48	6 02	»	10 16	»	8 13	8 45
Puy-Imbert (A)....	2 14	»	9 02	6 15	»	»	»	8 26	9 »»»
LIMOGES .arr.	2 23	2 44	9 12	6 24	2 40	10 45	3 03	8 35	9 09
		soir	soir		matin		matin	matin	

E. LAROUSSERIE

EX-EMPLOYÉ

de la Maison FALCOT-MAIRET

DE LYON

24, Rue des Grandes-Pousses, LIMOGES

Grande Fabrication d'Instruments de pesage

BALANCES

Béranger, Roberval, Coulon, Trébuchet, Fléau

ROMAINES NOUVEAU SYSTÈME

BASCULES A ROMAINE AU DIXIÈME

Poids Fonte et Cuivre

MESURES EN TOUS GENRES

Atelier spécial de Réparations

MAISON UNIQUE
Par son Assortiment
D'ARTICLES DE BATIMENT
et
D'USTENSILES DE MÉNAGE

Charles BOILEAU
Place de Lamothe et Rue de Paris, 2
LIMOGES

ARTICLES DE CAVE, CUISINE
CHAUFFAGE, ÉCLAIRAGE, ÉCURIE, JARDIN
Literie, Mobilier
DÉCOUPAGE, OUTILLAGE, CONSTRUCTION

Dépôt des Zincs de la Vieille Montagne

LA FONCIÈRE

Compagnie d'Assurances

CONTRE

L'INCENDIE, LE CHOMAGE

la Chûte et l'Explosion de la Foudre

Place Vendatour, PARIS

Capital social : **40 MILLIONS** de francs

RENSEIGNEMENTS :

S'adresser à M. Maurice LEZAUD,

Directeur particulier

21, Place Manigne
LIMOGES

PHARMACIE MODERNE DE LA HAUTE-VIENNE

E. DOR

Pharmacien-Chimiste

Place des Carmes, 41, LIMOGES

MÉDICAMENTS DE 1er CHOIX. — ANALYSES

Exécution rigoureuse et soignée de toutes les ordonnances à des prix excessivement modérés

PRODUITS VÉTÉRINAIRES, BANDAGES

Eaux Minérales Françaises et Étrangères

PRODUITS SPÉCIAUX DE LA MAISON

ELIXIR DOR

Tonique, Digestif, Nutritif, Reconstituant. Cette préparation est d'une efficacité contestée et incontestable
PRIX. . . . . 3 fr. 50 la bouteille

CORICIDE DOR

Guérison radicale et immédiate de CORS, DURILLONNS, ŒILS-DE-PERDRIX, etc.
PRIX. . . . . 1 fr.
Seule préparation réellement efficace, connue jusqu'à ce jour.

SIROP DÉPURATIF DOR

Infaillible chez les personnes atteintes de Scrofules, Cancers, Dartres, Ulcères, Syphilis, etc., etc.
PRIX. . . . . 3 fr. 50

SIROP ET PATE PECTORALE DOR

Ces deux préparations sont souveraines contre les Bronchites, Rhumes, Catarrhes, Grippes, etc., etc.
PRIX. . . . . 1 fr. 25 le Sirop, 1 fr. la Pâte

SOLUTION ANTI-RHUMATISMALE DOR

PRIX. . . . . 2 fr. 50

PILULES FERRUGINEUSES DOR

Prix. . . . . 2 fr. 50

INJECTION FRANÇAISE

Guérison prompte et radicale des écoulements récents ou chroniques, sans souffrance et sans crainte de rétrécissement.
PRIX. . . . . 2 fr.

ON EXPÉDIE PARTOUT

Demandez dans tous les cafés l'**APÉRITIF DOR**, digestif et nutritif, à base de quinquina, cacao, frontignan, etc.

APPAREILS DE CHAUFFAGE EN TOLE ET FONTE

Garantis

FUMISTERIE EN TOUS GENRES

FABRIQUE
de
CHAUDRONNERIE
TOLERIE
Poterie en Fonte
CUIVRE & TOLE
EN PLANCHES

Maison fondée en 1830

Léon CONSTANT Fils jeune

8, Rue Sainte-Valérie, 8

LIMOGES

RÉPARATIONS
de
POMPES
BATTERIE DE CUISINE
ACHAT
de
VIEUX MÉTAUX

LIMOGES — ST-YRIEIX — BRIVE — TOULOUSE.

Prix des Places			STATIONS	21 EXPRES 1re cl.	17 DIRECT 1.2.3.	33 OMNIB. 1.2.3.	2323 MIXTE 1.2.3.	5 EXPRES 1.2.3.	723 MIXTE 1.2.3.	765 OMNIB. 1.2.3.
1re cl.	2e cl.	3e cl.								
fr. c.	fr. c.	fr. c.		matin	matin	matin	matin	soir	matin	soir
»	»	»	**LIMOGES**.........départ	2 50	3 43	8 47	10 50	2 53	6 15	6 43
1 40	1 »	0 70	Boynac	»	»	9 04	11 22	»	6 32	7 01
2 50	1 85	1 30	Noxon	3 15	4 19	9 22	11 47	3 18	7 50	7 17
3 60	2 70	1 95	La Moyze	»	»	9 47	midi30	»	8 24	7 39
4 20	3 10	2 30	Champsiaux	»	»	9 57	1 04	»	8 44	7 49
5 20	3 90	2 85	**Saint-Yrieix**	3 46	5 08	10 16	1 35	3 49	9 10	8 07
6 30	4 70	3 45	Coussac-Bonneval	»	5 28	10 33	2 28	»	»	8 27
6 90	5 13	3 80	St-Julien-le-Voudre	»	5 41	10 47	2 45	»	»	8 38
7 55	5 60	4 10	Lubersac	»	5 59	11 04	3 12	4 16	»	8 54
8 35	6 25	4 60	Pompadour	»	6 24	11 20	3 50	»	»	9 08
9 65	7 20	5 25	Vignols-St-Solvo	»	6 43	11 40	4 14	»	»	9 27
10 35	7 75	5 65	Objat	4 43	6 59	11 57	5 10	4 52	»	9 41
11 10	8 30	6 10	Le Burg	»	7 10	midi07	5 29	»	»	9 51
11 45	8 55	6 25	Varotz	»	7 20	midi14	5 40	»	»	9 58
12 55	9 40	6 85	**Brive**	5 08	8 05	midi34	6 11	5 11	»	10 18
21 25	15 85	11 40	Figeac	7 16	10 34	3 41	9 13	7 31	»	»
25 70	19 15	13 80	Villefranche-do-R	8 19	midi02	5 03	soir	8 25	»	»
34 25	25 60	18 60	Gaillac	9 52	2 16	6 53	»	9 49	»	»
39 85	30 15	21 30	**Toulouse**.........arr.	10 53	3 57	8 26	»	10 48	»	»
»	»	»		»	soir	soir	»	soir	»	»

— 12 —

TOULOUSE — BRIVE — ST-YRIEIX — LIMOGES

STATIONS	30 EXPRES 1.2.3.	701 MIXTE 1.2.3.	40 EXPRES 1.2.3.	702 OMNIB. 1.2.3.	16 EXPRES 1.2.3.	26 DIRECT 1.2.3.		
	»	»	matin	»	soir	soir		
Toulouse............ départ.	minuit	»	7 10	»	1 15	2 40		
Gaillac.....................	min 38	n.atin	8 12	»	2 15	4 10		
Villefranche-de-R...........	2 30	»	9 47	»	3 47	6 28		
Figeac.....................	3 21	11 02	10 55	mat'n	4 42	8 02		
Brive....................	5 17	4 20	midi 42	7 04	6 37	10 27		
Varotz.....................	»	4 34	1 03	7 21	»	10 53		
Le Burg...................	»	4 40	1 09	7 29	»	11 »		
Objat.....................	5 53	5 03	1 19	7 44	7 27	11 16		
Vignols-St.-Solve	»	5 16	1 31	7 58	»	»		
Pompadour.................	6 26	5 36	1 52	8 20	»	»		
Lubersac..................	6 39	5 51	2 04	8 35	8 07	minuit		
St-Julien-le-Ventre	»	6 02	2 15	8 47	»	»		
Coussac-Bonneval	»	6 12	2 24	8 57	8 25	»		
Saint-Yrieix...........	7 09	6 32	2 30	9 19	8 43	min 37		
Champsiaux	»	6 45	2 51	9 34	»	»		
La Meyze..................	»	6 55	3 »	9 45	»	»		
Nexon.....................	7 37	7 09	3 18	10 01	9 11	1 12		
Beynac....................	7 55	7 30	»	10 19	»	»		
LIMOGES............ arr.	8 10	7 50	3 49	10 40	9 36	1 43		
»	matin	soir	soir	matin	soir	matin		

VENTE A CRÉDIT PAR ABONNEMENT

MAISON GOMPEL & CIE

ADMINISTRATION A PARIS : 51, Rue des Petites-Écuries

Succursale de LIMOGES : 38, Avenue du Champ de Juillet

TOILES EN TOUS GENRES, CRETONNE, MOUCHOIRS, SERVIETTES, SERVICE DE TABLE, DRAPERIE, ROUENNERIE, VELOURS NOUVEAUTÉS, MÉRINOS, CACHEMIRES, COUVERTURES et FOYERS GLACES, PARAPLUIES, OMBRELLES, CORSETS, LITERIE, MEUBLES, CHAUSSURES, CHAPELLERIE, VÊTEMENTS CONFECTIONNÉS POUR DAMES, ETC.

HORLOGERIE, BIJOUTERIE, PENDULES, RÉVEILS

GRAND CHOIX DE CONFECTIONS
Pour Hommes, Jeunes Gens & Enfants

UN HORLOGER ET UN TAILLEUR SONT SPÉCIALEMENT ATTACHÉS A LA MAISON

CONDITIONS DE PAIEMENT	CONDITIONS DE PAIEMENT
EN FAISANT L'ACHAT	
De 1 à 25 fr. 2 fr. et les cent. à verser de s.	De 20 à 25 fr. 1 fr. par semaine
25 — 30 — 6 — —	25 — 40 — 1 50 —
30 — 40 — 8 — —	40 — 50 — 2 —
40 — 50 — 10 — —	50 — 75 — 3 —
50 — 75 — 15 — —	75 — 100 — 4 —
75 — 100 — 20 — —	

Au dessus de **100 fr.**, on traite de gré à gré avec la direction.

NOTA. — Les Courtiers et Receveurs devront recevoir **UN FRANC** pour chaque carnet qu'ils délivreront à valoir sur l'achat à faire, et remboursable au cas ou le client n'achèterait pas.

ENTRÉE LIBRE

PHOTOGRAPHIE DU CHALET

A. BASTIER

33, Boulevard Louis Blanc, 33

LIMOGES

PORTRAITS DE TOUTES DIMENSIONS

en noir ou coloriés

SPÉCIALITÉ D'AGRANDISSEMENT

Photographies instantanées pour Enfants

Alfred FARGE

17, Boulevard Louis Blanc

LIMOGES

AGENT GÉNÉRAL des Compagnies d'Assurances

GRESHAM
Sur la Vie

LA MUTUELLE DE L'OUEST
Contre l'Incendie

LA PRÉVOYANCE
Contre les Accidents

LA CONFIANCE
Contre la Grêle

VÊTEMENTS SUR MESURE

Léon MALITTE

MARCHAND TAILLEUR

19, BOULEVARD DE LA PYRAMIDE

LIMOGES

ARMES ET ARTICLES DE CHASSE

MAISON DE CONFIANCE

A. GIRARD

LIMOGES — 11, rue Saint-Martial, 11 — LIMOGES

Grande réduction de prix sur les Armes et Articles de chasse pour cause de fin de saison.

Vente de Tricycles à partir de **115** fr. — De Tendems à **310** fr. — De Bicycles à **150** fr. — De Bicyclettes à **180** fr.

Cartouches vides et chargées. — Echange et réparation d'Armes et de Tricycles. Cannes-fusils et Cannes à épée.

LIMOGES A GUÉRET — MONTLUÇON — LYON

1re cl.	2e cl.	3e cl.	STATIONS	84 EXPRES 1.2.3.	2264 EXPRES 1.2.3.	524 OMNIB. 1.2.3.	526 DIRECT 1.2.3.	2138 MIXTE 1.2.3.	2268 DIRECT 1.2.3.
fr. c.	fr. c.	fr. c.		matin	matin	matin		soir	soir
»	»	»	**Limoges** (Bénédictins) départ..	2 14	2 30	7 15	midi58	5 53	4 27
0 70	0 55	0 35	Puy-Imbert....	»	»	»	1 02	5 59	4 34
1 35	1 20	0 85	Les Bardy-St-Priest	»	»	7 35	1 20	6 36	4 50
2 35	1 75	1 25	Ambazac....	»	»	7 48	1 32	7 03	5 03
3 15	2 40	1 75	La Jonchère....	»	»	8 04	1 47	7 37	5 19
»	3 10	2 30	St-Sulpice-Laurière { arrivée..	2 58	3 22	8 16	1 58	7 57	5 31
4 15	»	»	St-Sulpice-Laurière { départ..	3 06	5 04	8 35	2 17	8 15	5 40
5 70	4 30	3 15	Marsac....	»	5 50	8 59	2 39	8 40	6 11
6 70	5 00	3 70	Vieilleville....	3 37	6 36	9 15	2 52	8 55	6 30
7 70	5 75	4 25	Montaigut....	»	7 21	9 28	3 03	9 07	6 46
»	»	»	La Brionne....	»	8 01	9 44	3 18	9 22	7 07
7 80	5 85	4 30	**Guéret** { arrivée.	4 08	8 19	9 56	3 29	9 33	7 24
»	»	»	**Guéret** { départ..	4 10	matin	10 01	3 32	»	7 27
9 70	7 25	5 30	Busseau d'Ahun { arrivée.	4 29	»	10 27	3 56	soir	7 57
			Busseau d'Ahun { départ..	4 33	»	10 45	4 01	»	8 01
19 30	14 45	10 65	**Montluçon** { arrivée.	6 07	»	midi57	5 58	»	10 40
			Montluçon { départ..	6 18	»	1 20	6 30	»	»
27 65	20 70	15 25	Gannat:....	8 18	»	3 36	8 40	»	»
»	»	»	**Lyon** .... arrivée.	2 06	»	10 28	»	»	»
				soir	»	soir		»	

VIEILLEVILLE A BOURGANEUF

1re cl.	2e cl.	3e cl.	STATIONS	1.2.3.	1.2.3.	1.2.3.
fr. c.	fr. c.	fr. c.		matin	soir	soir
»	»	»	**Vieilleville**.... départ.	6 35	3 00	9 00
0 95	0 70	0 55	St-Dizier....	6 53	3 22	9 15
1 70	1 30	0 90	Bosmoreau-les-Mines....	7 40	3 40	9 28
2 45	1 85	1 35	**Bourganeuf**.... arrivée	7 21	3 54	9 39

LYON — MONTLUÇON — GUÉRET — LIMOGES

STATIONS	61 EXPRES 1.2.3.	521 OMNIB. 1.2.3.	599 OMNIB. 1.2.3.	523 OMNIB. 1.2.3.	527 EXPRES 1.2.3.	EXPRES 1.2.3.	2267 MIXTE 1.2.3.	2261 MIXTE 1.2.3.
	soir	matin	matin	soir	soir	so'r	soir	matin
Lyon..............départ.	3 25	»	8 42	7 43	»	»	»	matin
Gannat...................	9 22	»	8. 4 05	5 30	11 37	»	»	»
Montluçon...............	11 26	»	7 45	8 15	1 36	»	»	»
Busseau d'Ahun (arrivée.	1 03		9 31	10 21	3 25	»	soir	»
(départ.	1 06	4 55	9 36	10 29	3 29	»	6 50	»
Guéret...................	1 31	5 28	10 05	11 43	4 04	»	»	»
La Brionne...............	»	5 44	—	midi	4 20	»	7 33	6 35
Montaigut................	»	5 58	»	midi 13	4 34	»	7 52	7 00
Vieilleville.............	2 01	6 12	»	midi 30	4 47	»	8 07	7 20
Marsac...................	»	6 26	»	midi 43	5 01	»	8 21	7 40
St-Sulpice-Laurière (arrivée.	2 31	6 48	»	1 03	5 24	»	8 41	8 02
(départ.	2 39	7 40	»	1 25	5 29	8 10	9 07	8 31
La Jonchère..............	»	7 53	»	1 39	5 42	8 25	9 23	matin
Ambazac..................	»	8 04	»	1 51	5 53	8 38	9 46	
Les Bardys St-Priest.....	»	8 13	»	2 00	6 02	8 48	10 03	
Puy-Imbert...............	3 14	8 26	»	2 14	6 15	9 02	10 16	
Limoges (Bénédictins)..arrivée.	3 20	8 36	»	2 23	6 24	9 12	10 45	»
	matin	matin	»	soir	so'r	soir	soir	

BOURGANEUF À VIEILLEVILLE

STATIONS	1.2.3.	1.2.3.	1.2.3.
	matin	matin	soir
Bourganeuf..........départ.	5 25	11 30	7 30
Boismoreau-les-Mines.............	5 37	11 47	7 43
Saint-Dizier	5 49	12 03	7 56
Vieilleville..........arrivée	6 01	12 16	8 09

PRODUITS SPÉCIAUX VÉTÉRINAIRES
préparés à la
Pharmacie RÉGAT
13, Place de la Mothe, et rue Léonard-Limosin, 8
En face la Rue d'Aguesseau et les Nouvelles Halles
LIMOGES

DIARRHÉE
DES
JEUNES VEAUX

Le dévoiement qui d'abord paraît insignifiant fait des ravages terribles dans les étables ; le jeune veau surtout est sujet à cette maladie.

La poudre anti-diarrhéique, préparée par G. RÉGAT, pharmacien à Limoges, arrête sûrement cette diarrhée et les jeunes veaux reviennent à la santé.

ROUGET
DU
PORC

Le rouget est une maladie insidieuse dont l'éleveur doit se méfier.

ROUGET
DU
PORC

Après l'achat d'un cochon, on doit s'occuper d'éviter la maladie. Pour cela, on n'a qu'à lui faire prendre des paquets n° 1 dits *Préservatifs du rouget*, à la dose de 4 en 2 jours, c'est-à-dire un paquet matin et soir, délayé dans de l'eau de son.

Un propriétaire des environs m'écrivait :

« Depuis deux ans la plupart des cochons de mes voisins sont morts du rouget, et les miens n'ont nullement été atteints, grâce à votre puissant préservatif. »

Paquets N° 2

Si le rouget est à l'état d'épidémie dans le pays, on fera prendre tous les jours et à chaque porc, un paquet de la poudre N° 2, c'est le meilleur moyen de le préserver de la contagion.

Dans le cas où l'animal serait atteint de cette terrible maladie, on lui en ferait prendre un paquet toutes les 3 heures.

Piétin

Piétin

Le Piétin est une maladie particulière au mouton ; il a son siège à l'ongle du pied. Cette affection n'est pas meurtrière, mais si on n'y porte remède elle finit par déchausser la dernière phalange du pied de l'animal.

Une à deux applications du spécifique contre le Piétin de G. RÉGAT suffisent pour faire disparaître l'ulcère, même si le sabot est décollé.

GRANDE CIDRERIE

DU

CENTRE

Cidre pur jus de pommes **55** fr. la barrique

ordinaire. . . **40** fr. ...

Nu, pris en gare de Lubersac (Corrèze)

RENSEIGNEMENTS SUR DEMANDE

S'adreser à M. **PUYMORI**, Château-Chervix, par Magnac-Bourg (Haute-Vienne).

VENTE ET ACHAT DE POMMES A CIDRE

A SAINT-HUBERT

Robert GEANTY, armurier

Rue d'Aguesseau, 1, LIMOGES

Articles de Chasse, de Pêche, d'Escrime

FEUX D'ARTIFICE

Atelier spécial de réparations

LIVRAISON RAPIDE ET TRÈS SOIGNÉE

DÉBIT DE POUDRE DE CHASSE ET DE MINE

Maison RANCIAT-BASTIEN

A. BRISSET

SUCCESSEUR

37, Rue du Clocher, LIMOGES

HORLOGERIE, BIJOUTERIE, ORFÈVRERIE, JOAILLERIE

Grand choix de MONTRES, PENDULES, RÉVEILS

ARTICLES POUR MARIAGES

FABRIQUE & MAGASIN DE CHAUSSURES

Cousues et Vissées

CHAUSSURES SUR MESURE

Maison Veuve Adolphe BRÉDIF

Limoges, 18, rue des Taules. — Tours, 18, rue du Commerce

MAGASIN DE CUIRS

Et Fournitures pour Chaussures

8, RUE DE LA COURTINE

FRONT

LIMOGES, 8, Rue du Maupas, 8, LIMOGES

FABRIQUE ET RÉPARATION D'ORNEMENTS D'ÉGLISE DE TOUTE SORTE.

PRIX MODÉRÉS

PAUL BARDENAT

PUBLICITÉ

Afficheur de la Ville ; Adjudicataire des Murs Communaux et Kiosques Lumineux, de Limoges et Clermont-Ferrand (Puy-de-Dôme).

8, Place des Jacobins, LIMOGES

BORDEAUX — PÉRIGUEUX — LIMOGES

STATIONS	861 DIRECT	74-2	40 OMNIB.	1680	956	80 EXPRES	958 EXPRES	1684 OMNIB.
	1.2.3.	1.2.3.	1.2.3.	1.2.3.	1.2.3.	1.2.3.	1.2.3.	1.2.3.
	matin	matin		soir	matin	soir	soir	soir
Bordeaux (B)		7 22	»	1 30	10 45	9 »»	3 34	7 15
Libourne		8 »»	»	2 38	12 03	9 37	4 22	8 26
Coutras — arrivée		8 21	»	3 04	12 31	9 55	4 50	8 51
Coutras — départ	3 15	8 25	»	3 20	12 55	10 »»	5 20	10 »»»
Périgueux — arrivée	5 08	10 15	»	5 35	3 05		8 34	11 46
Périgueux — départ	5 38	10 21	midi 58			min. 08	11 53	
Château-l'Evêque	5 51	10 35	1 12	6 27		»	»	
Agonac	6 01	10 45	1 22	6 42		»	»	
Negrondes	6 17	11 02	1 39	6 53		»	»	
Thiviers	6 35	11 20	2 00	7 11		min. 37	»	
La Coquille	6 55	11 41	2 21	7 34		»	min. 42	
Bussière-Galant	7 11	11 58	2 38	8 15		1 30	1 16	
Lafarge	7 23	midi 11	2 51	8 32		»	»	
Noxon	7 44	» 23	3 05	8 44		1 53	1 35	
Boynac	7 56	»	3 19	8 59		»	»	
Limoges (Bénédictins)	8 10	midi 52	3 38	9 13		2 20	2 05	
	matin	soir				matin		

GUÉRISON INSTANTANÉE

des Névralgies faciales

Douleurs d'oreilles, Migraines, Maux de tête, lors
même que les dents sont cariées

PAR

L'ALGOSTATIQUE

PRÉPARÉ PAR

DUMONT, Pharmacien-Chimiste

Médecin de la Faculté de Paris

Prix du flacon : **2 fr.**, franco par la poste

PHARMACIE NORMALE

DE LA HAUTE-VIENNE

7, Faubourg des Arènes, 7, LIMOGES

M. BRUNOT, Pharmacien, à Chambon

NOTA. — Il ne sera répondu qu'aux lettres contenant
un mandat-poste de **2 fr.**

Grande scierie des Charentes

LIMOGES, Rue de la Fonderie, LIMOGES

SCIAGE A FAÇON

BOIS EN GRUMMES, CHARPENTES, MENUISERIE, CHARRONNAGE, ETC.

COPEAUX A VINAIGRE

Vente et fabrication de bois de sabots (napolitains).

LOCATION DE FORCE MOTRICE

HUILES DE PIÉDS DE MOUTON
Extra-supérieure
SPÉCIALEMENT PRÉPARÉE POUR
Machines à coudre et à porcelaines, Moteurs à gaz, Imprimeries, etc.

Chez MALINVAUD-BERGER

Guano du Pérou dissous, et autres engrais de la The Anglo-Continental (Late Ohlendorfis). Guano Works de Londres représenté à Paris par Th. PITLER et à Limoges, par MALINVAUD-BERGER.

LIMOGES — BELLAC — LE DORAT — POITIERS

Prix des Places 1re cl.	2e cl.	3e cl.	STATIONS	1652 DIRECT 1.2.3.	1654 OMNIB. 1.2.3.	2934 MIXTE 1.2.3.	1636 OMNIB. 1.2.3.
fr. c.	fr. c	fr. c.		matin	matin	soir	soir
»	»	»	Limoges (Bénédictins)	2 20	7 15	12 58	4 27
			Limoges (Montjovis)	4 05	7 32	11 02 mat.	5 30
1 10	0 80	0 60	Couzeix-Chaptelat	»	7 50	11 37	5 47
2 05	1 55	1 15	Nieul	»	8 07	midi05	6 00
2 55	1 90	1 40	La Boisserie	»	8 17	midi22	6 10
2 95	2 20	1 65	Thouron-Peyrillac	»	8 28	midi38	6 20
3 30	2 45	1 80	Nantiat	4 33	8 37	1 06	6 28
3 75	2 85	2 05	Vaulry	»	8 47	1 22	6 37
4 55	3 40	2 50	Blond-Berneuil	»	8 57	1 39	6 46
5 40	4 05	2 95	Bellac	5 25	9 23	2 15	7 03
6 15	4 60	3 40	St-Ouen	5 37	9 35	2 34	7 13
6 95	5 20	3 85	Le Dorat	6 34	10 04	3 21	7 54
17 20	12 90	10 45	Poitiers	9 54	midi30	5 30	10 27
				matin		soir	soir

Le train 1614 partant de Limoges à 7 h. 15 du matin va directement à Poitiers. Les voyageurs ne changent pas de voiture.

ST-SULPICE-LAURIÈRE AU DORAT

1re cl.	2e cl.	3e cl.	STATIONS	1612 1.2.3.	1614 1.2.3.	1616 1.2.3.	1618 1.2.3.
fr. c.	fr. c.	fr. c.		matin	matin	soir	soir
»	»	»	St-Sulpice-Laurière . départ..	5 00	8 40	2 12	6 05
0 70	0 55	0 35	Bersac	5 11	8 50	2 21	6 18
1 85	1 35	0 95	Bessines	5 28	9 06	2 35	6 39
2 85	2 10	1 50	Châteauponsac	5 46	9 22	2 48	6 59
4 45	3 30	2 40	Droux	6 14	9 43	3 06	7 23
5 25	3 95	2 90	Le Dorat . arrivée	6 28	9 56	3 19	7 37

POITIERS — LE DORAT — BELLAC — LIMOGES

STATIONS	1651 OMNIB. 1.2.3.	1653 OMNIB. 1.2.3.	1615 MIXTE 1.2.3.	1655 OMNIB. 1.2.3.			
	matin	matin		soir			Le train 1615 qui part de Poitiers à midi 43 vient à Bénédictins sans changement de voitures et arrive à 6 h. 24.
Poitiers............................	3 40	9 00	midi 43	5 25			
Le Dorat..........................	6 35	midi 02	3 35	7 59			
St-Ouen..........................	6 50	midi 17	4 01	8 14			
Bellac............................	7 06	midi 32	4 45	8 29			
Blond-Berneuil.................	7 19	» 45	5 10	8 42			
Vaulry...........................	7 28	» 54	5 28	8 51			
Nantiat..........................	7 38	1 05	5 47	9 01			
Thouron-Peyrillac.............	7 48	1 15	6 22	9 11			
La Boisserie....................	7 56	1 23	6 37	9 19			
Nieul............................	8 06	1 32	6 52	9 28			
Couzeix-Chaptelat............	8 22	1 48	7 23	9 44			
Limoges (Montjovis)..........	8 37	2 06	7 49	10 02			
Limoges (Bénédictins)........	8 56	2 23	6 24	10 45			
	matin	soir	soir	soir			

LE DORAT A ST-SULPICE-LAURIÈRE

STATIONS	1611 1.2.3.	1613 1.2.3.	1615 1.2.3.	1617 1.2.3.			
Le Dorat..............départ .	5 59	11 57	3 20	7 55			
Droux............................	6 13	midi 11	3 35	8 09			
Châteauponsac..................	6 34	midi 35	3 58	8 32			
Bessines.........................	6 48	midi 50	4 13	8 47			
Bersac...........................	7 03	1 07	4 30	9 03			
St-Sulpice-Laurière .arrivée.	7 13	1 18	4 41	9 14			
	matin	soir	soir	soir			

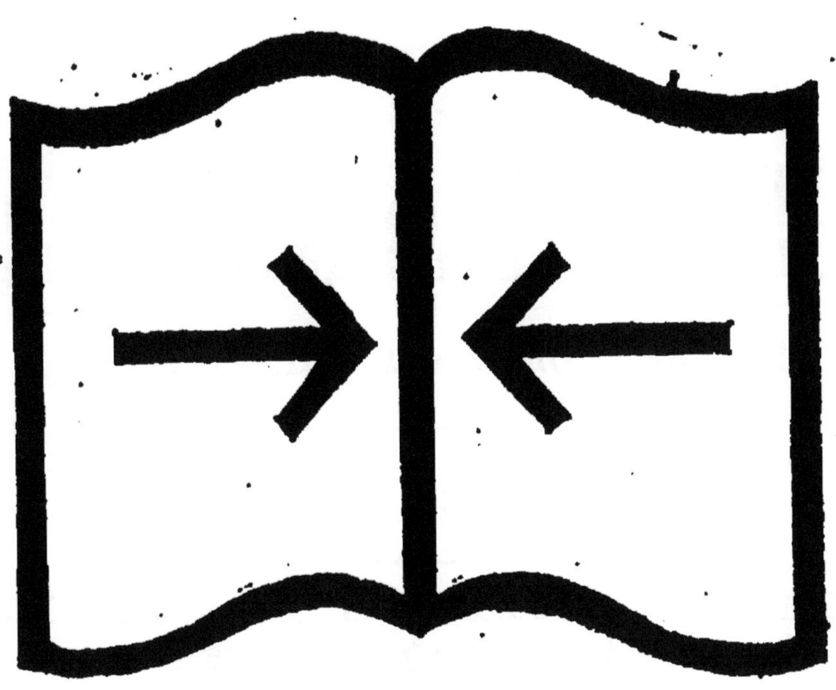

VALABLE POUR TOUT OU PARTIE DU
DOCUMENT REPRODUIT

BOIS DE CHAUFFAGE
GROS ET DÉTAIL
E. DESCHAMPS
venue du Sablard, 1 (Pont-St-Etienne) **LIMOGES**

*Chantiers couverts permettant de fournir toute
'année des bois et des fagots secs.*

Bois rondin ou quartier par wagons, au poids, au stère, scié
t cassé au gré de l'acheteur.

Fagots.
Souches cassées ou non.
Houilles de toutes provenances.
Coke cassé, **Briquettes** perforées.
Charbon de bois.

THÉRON & C. DUMAS
ENTREPRENEURS D'ÉTUDES
4, rue des Augustins. — LIMOGES

*nt l'honneur d'informer MM. les Propriétaires
qu'ils se chargent aussi des plans topographiques
des propriétés avec courbes de niveau pour l'irri-
gation des prés.*

XÉCUTION RAPIDE & PRIX TRÈS MODÉRÉS

Agen.	Brives.	Honfleur.	Poitiers.
ix (B.-du-Rh.).	Caen.	La Rochelle.	Puy (le).
lais.	Cahors.	Laval.	Reims.
Albi.	Cambrai.	Lille.	Rennes.
lençon.	Carcassonne.	Limoges.	Rive-de-Gier.
miens.	Carpentras.	Lisieux.	Roanne.
Angers.	Castres.	Lodève.	Rodez.
Angoulême.	Cette.	Lorient.	Roubaix.
Annecy.	Châlon-s.-Saône.	Lyon.	Rouen.
nonay.	Châlons-s.-Marne.	Mâcon.	Saint-Brieuc.
Apt.	Chartres.	Mans (le).	Saint-Etienne.
Arles.	Châteauroux.	Marmande.	St-Germ.-en-Laye
Arras.	Chaumont.	Marseille.	Saint-Lô.
ucb.	Cherbourg.	Montauban.	Saint-Malo.
Aurillac.	Clermont-Ferrand	Montereau.	Saint-Servan.
Auxerre.	Dax.	Montluçon.	Saint-Quentin.
Avignon.	Dieppe.	Montpellier.	Saumur.
-le-Duc.	Dijon.	Moulins.	Sedan.
yonne.	Douai.	Nancy.	Sens.
uvais.	Draguignan.	Nantes.	Tarbes.
lfort.	Dreux.	Narbonne.	Thiers.
rgerac.	Dunkerque.	Nevers.	Toulon.
nçon.	Elbeuf.	Nice.	Toulouse.
éziers.	Epernay.	Nîmes.	Tours.
Blois.	Epinal.	Niort.	Troyes.
rdeaux.	Fontainebleau.	Orléans.	Valence.
ulogne-s.-Mer.	Gaillac.	Pau.	Valenciennes.
urges.	Grenoble.	Périgueux.	Versailles.
rest.	Havre (le).	Perpignan.	Vichy.

AGENCES ÉTRANGÈRES

GENCE DE LONDRES

Lombard Str. E. C.

S'G' ALSACIENNE DE BANQUE

AGENCES

Colmar.
Guebwiller.

Metz.
Mulhouse.
Strasbourg.
Francfort s. le Mein.

BUREAUX DE QUARTIERS DANS PARIS

r. N.-D. des Victoires, 48 (place de la Bourse).
boulev. Malesherbes, 37
rue de Turbigo, 38.
rue du Bac, 13.
rue Saint-Honoré, 221.
rue Ste-Croix Breton. 31
boul. St-Germain, 96.
boulv. Voltaire, 21.
b. St-Germain 13 (Entr. des vins.
r. du Pont-Neuf 21 (Halles Centr.).
rue de Passy, 50.

L rue de Clichy, 72.
M boulevard Magenta, 57.
N r. du Fg-St-Honoré,103.
O r. St-Antoine, 236 (pl. de la Bastille).
P p. de l'Opéra, 4 (English and American Office).
R rue du Louvre (Bourse du Com.).
S faub. Poissonnière, 11.
U car. de la Croix-Rouge, 2
V boul. de Sébastopol,114.
W rue de Flandre, 105 (La Villette).

Y r. des Archives,15 bis.
AB carrefour de Buci, 2.
AC rue Lecourbe, 95 (Vaugirard-Gren.).
AD avenue des Ternes,59.
AE av. d'Orléans,7 (Mont.)
AI rue de Lafayette, 94.
AJ av. des ChampsElysées
AL rue Monge, 93 (Halle aux Vins).
AM boul. Haussmann, 113.
AO rue Donizetti, 4 (Auteuil).

LIMOGES — EYMOUTIERS — USSEL — ROYAT — CLERMONT-FERRAND

Prix des Places			STATIONS	882	1816	884	886	888	890	Trains partant de Montjovis, correspondant à Puy-Imbert
1re cl.	2e cl.	3e cl.		OMNIB.	OMNIB.	OMNIB.		OMNIB.	OMNIB.	
fr. c.	fr. c.	fr. c.		1.2.3.	1.2.3.	1.2.3.	1.2.3.	1.2.3.	1.2.3.	
				matin	matin	matin		soir	soir	
»	»	»	**Limoges** (Montj.)..	»	7 54	9 57	»	4 50	6 15	
»	»	»	Limoges-Bénédictins..	5 14	»	»	»	»	»	
0 70	0 55	0 35	Puy-Imbert............	5 19	8 01	10 04	»	4 58	6 23	
1 85	1 35	0 95	St-Priest-Taurion.....	5 42	8 26	10 27	»	5 29	6 48	
2 45	1 80	1 35	Brignac (halte).......	5 50	8 35	10 35	»	5 38	6 57	
3 05	2 30	1 70	St-Léonard	6 02	8 54	10 47	»	5 57	7 12	
3 45	2 55	1 85	Farebout (halte)......	6 09	9 02	10 54	»	6 05	7 20	
4 05	3 00	2 20	St-Denis-des-Murs ...	6 17	9 11	11 02	»	6 15	7 29	
5 15	3 90	2 85	Châteauneuf-Bujaleuf.	6 35	9 27	11 18	»	6 40	7 48	
5 65	4 20	3 10	Bussy-Varache (halte)	6 43	9 36	11 26	»	6 49	7 57	
6 25	4 70	3 45	Eymoutiers............	6 58	9 46	11 42	»	7 01	8 12	
12 40	9 30	6 85	Meymac................	8 40	matin	1 25	matin	—	9 57	
14 00	10 55	7 70	**Ussel**........arrivée.	9 04	—	1 44	»	matin	10 22	
»	»	»	» ....départ.	9 15	(A)	2 00	6 00	6 30	soir	
16 25	12 20	8 93	Eygurande Merl.arriv.	9 49	»	2 33	6 33	7 02	—	
»	»	»	» départ.	9 52	»	2 38	6 38	7 05	»	
18 95	14 20	10 45	Laqueuille ....arrivée	10 35	»	3 22	7 21	7 48	»	
»	»	»	» départ	10 55	»	3 27	7 28	7 55		
26 20	19 65	14 40	Royat	midi 51	»	5 26	9 31	9 49		
26 80	20 10	14 75	**Clermont-Ferrand**	1 04	»	5 36	9 42	9 59		
				soir		soir	matin			

Gare Montjovis et Puy-Imbert	matin	matin	matin
Gare Montjovis.......	3 00	5 00	8 11
Puy-Imbert..........	3 07	5 08	8 17

STATIONS	875 OMNIB.	879 OMNIB.	881 DIRECT	885 OMNIB.	887	889	1817 OMNIB.
			matin	matin	soir	soir	
Clermont-Ferrand..			5 47	11 34	3 05	6 00	
Royat............	»	»	5 59	11 46	3 20	6 16	
Laquenille...... arrivée	»	»	7 56	1 50	5 39	8 36	(A)
» ...... départ	»	»	7 56	1 53	5 47	8 40	»
Eygurande ...... arrivée	»	»	8 39	2 36	6 35	9 22	»
» ...... départ	»	»	8 42	2 40	6 41	9 25	»
Ussel...... { arrivée.	»	matin	9 14	3 11	7 19	9 56	»
{ départ.	»	5 35	9 40	4 15	soir	soir	»
Meymac............	matin	6 01	10 03	4 40			soir
Eymoutiers.........	6 13	8 00	11 46	6 22	»	»	4 10
Bussy-Varache (halte)....	6 22	8 10	11 55	6 31	»	»	4 19
Châteauneuf-Bujaleuf.....	6 33	8 21	12 05	6 41	»	»	4 29
St-Denis-des-Murs.....	6 48	8 37	12 21	6 56	»	»	4 43
Farebout (halte).........	6 56	8 46	midi30	7 04	»	»	4 54
St-Léonard...........	7 05	8 56	midi44	7 14	»	»	5 05
Brignac (halte).......	7 15	9 06	midi51	7 24	»	»	5 15
St-Priest-Taurion........	7 23	9 16	1 00	7 32	»	»	5 27
Puy-Imbert........	7 46	9 42	1 24	7 55	»	»	5 51
LIMOGES (Bénédictins)	»	»	»	8 03	»	»	»
» (Montjovis).	7 52	9 55	1 35		»	»	5 59
	matin	matin	soir	soir	»	»	soir

Trains correspondant de Puy-Imbert à Montjovis

	matin	matin	soir
Puy-Imbert........	3 30	9 00	8 00
Gare Montjovis......	3 39	9 03	8 12

(AB) Ces trains n'ont lieu entre Limoges et Saint-Léonard que le 1er lundi de chaque mois et le 22 janvier ontre-Limoges et Eymoutiers que le 1er jeudi de chaque mois et le 3e jeudi de février et de mars.

9ᵉ Année — 5 centimes le numéro — 9ᵉ Année

La Gazette du Centre

Journal quotidien, Politique et Indépendant

Organe de la Défense Sociale et des Libertés publiques

Administration et Rédaction : Boulevard Montmailler, 1, Limoges

La Gazette du Centre est désignée pour l'insertion des Annonces judiciaires et légales du département de la Haute-Vienne en 1890

ABONNEMENTS (Payables d'avance)	3 MOIS	6 MOIS	1 AN		INSERTIONS		
Limoges.	5	9	18 f.		Annonces.	0 f. 30	la ligne
Hte-Vienne et limitrophes	6	10	20		Réclames.	50	—
Autres Départements.	7	13	25		Faits divers.	60	—

Toutes les communications concernant la Rédaction et l'Administration, doivent être adressées à M. HERBIN, imprimeur à Limoges.

Les annonces sont reçues au bureau du journal, à Limoges ; et à Paris, exclusivement à l'AGENC   VAS, Place de la Bourse, 8.

Ville de Limoges

Entreprise de la VOIRIE URBAINE

FAURE & FILS

ENTREPRENEURS

10, Rue Saint-Affre, 10

Avis à MM. les Propriétaires

FOURNITURE ET POSE DE BORDURES DE TROTTOIR

FOURNITURE ET POSE DE PAVÉS DE TOUTES LES DIMENSIONS

Approvisionnement considérable de sable

MACADAM DE TOUTES GROSSEURS

Constructions diverses à forfait, etc.

SÉRIE DE PRIX

PRIX EXCEPTIONNELS DE BON MARCHÉ

Le Moniteur de la Haute-Vienne

Journal des Campagnes

PARAISSANT LE JEUDI ET LE DIMANCHE

Le meilleur marché de la province

CINQ francs par an.

Administration et Rédaction : Boulevard Montmailler, 1, Limoges

Adresser lettres et mandats au Directeur du Journal

53

ABONNEMENTS	ANNONCES
Haute - Vienne. . . . . Un an **5 fr.**	La ligne . . . . . **30** cent.
Autres départements. . . . — **8 fr.**	Faits divers. . . . **50** cent.
	On traite de gré à gré pour toute insertion répétée.

Les annonces sont reçues au Bureau du Journal, à Limoges, et à Paris exclusivement à l'AGENCE HAVAS, place de la Bourse, 8,

On s'abonne à Limoges, à l'imprimerie HERBIN, boulevard Montmailler, 1. — On peut payer l'abonnement soit en un mandat-poste, soit en versant sans frais, au bureau de poste, le montant de l'abonnement. Les abonnements partent des 1ers et 15 de chaque mois et sont exigibles d'avance. — Toute personne qui veut cesser son abonnement doit refuser le journal au facteur.

LIMOGES — ST-JUNIEN — ANGOULÊME

Prix des Places 1re cl.	2e cl.	3e cl.	STATIONS	1701 1.2.3.	(A) 1703 OMNIB. 1.2.3.	2973 MIXTE 1.2.3.	1707 OMNIB. 1.2.3.	1711 OMNIB. 1.2.3. (A)	1713 OMNIB. 1.2.3.
fr. c.	fr. c.	fr. c.		matin	matin	matin	soir		soir
»	»	»	Limoges (Bénédictins)....	»	»	»			4 27
»	»	»	**Limoges (Montjovis)**...	5 08	8 40	9 13	12 »»	»	5 00
1 35	0 95	0 75	Aixe-sur-Vienne..........	5 23	8 56	9 45	12 14	»	5 16
2 20	1 65	1 20	Verneuil-sur-Vienne......	5 35	9 08	10 08	12 25	»	5 29
3 45	2 55	1 85	St-Victurnien...........	5 51	9 26	10 40	12 39	»	5 45
4 55	3 40	2 50	**St-Junien**.............	6 07	9 50	10 59	12 56	»	6 01
5 55	4 15	3 00	Saillat-Chassenon { arriv.	6 19	10 02	matin	1 08	»	6 13
»	»	»	{ dép.	6 23	10 06	———	1 12	soir	6 16
6 45	4 85	3 55	Chabanais...............	6 39	10 19	»	1 27	3 13	6 30
7 05	5 30	3 90	Exideuil-sur-Vienne......	6 47	———	»	1 37	3 23	6 41
8 00	6 05	4 45	Roumazières-L...........	7 03	1705	»	1 57	3 40	6 59
8 35	6 30	4 60	Fontafie................	7 11	(B)	»	2 06	3 48	7 10
9 45	7 20	5 25	Chasseneuil-sur-Bonn....	7 25	matin	»	2 23	4 01	7 25
10 25	7 80	5 70	Taponnat................	7 37		»	2 37	4 13	7 38
10 70	8 40	5 95	La Rochefoucauld........	7 46	11 10	»	2 47	4 22	7 48
12 20	9 25	6 75	**Le Queroy-Pran**.....	8 09	11 35	»	3 08	4 41	8 10
13 90	10 55	7 70	**Angoulême**...........	8 38	midi 05	»	3 35	5 21	8 41
							soir	soir	soir

(A) Le train 1703 n'a lieu entre Limoges et St-Junien que les jours de foire à Saint-Junien et entre Chabanais et Limoges que les jours de foire à Chabanais et vice versa pour le train 1711
(B) Le train 1705 n'a lieu que les jours de foire à Angoulême.

ANGOULÊME — ST-JUNIEN — LIMOGES

STATIONS	1702 OMNIB. 1.2.3.	(C) OMNIB. 1704 1.2.3.	1706 1.2.3.	1708 1.2.3.	1710 OMNIB. 1.2.3.	1712 OMNIB. 1.2.3.		
	matin	matin	matin	soir		soir		
Angoulême.............	4 45	9 55	11 »	4 00	»	5 43		
Le Queroy-Pran.............	5 15	10 26	11 31	4 33	»	6 13		
La Rochefoucauld.............	5 31	10 47	11 47		»	»		
Taponnat.............	5 39	»	11 55	»	»	6 30		
Chassenouil-sur-Bonni.............	5 54	11 12	midi09	»	»	6 54		
Fontafie.............	6 09	11 30	» 24	»	»	7 11		
Roumazières.............	6 17	11 39	» 33	»	»	7 22		
Excideuil-sur-Vienne.............	6 29	11 53	» 46	2972	soir	7 32		
Chabannais.............	6 38	midi	» 55	1.2.3.	4 15	7 40		
Saillat............. arr.vée.	6 49		1 07		4 28	7 51		
départ.	6 52	»	1 10	soir	4 33	7 53		
St-Junien.............	7 05	»	1 22	3 34	4 52	8 06		
St-Victurnien.............	7 18	»	1 33	4 03	5 08	8 19		
Verneuil-sur-Vienne.............	7 34	»	1 52	4 51	5 30	8 36		
Aixe-sur-Vienne.............	7 45	»	2 03	5 56	5 42	8 47		
Limoges (Montjovis).............	8 05	»	2 22	6 33	6 02	9 05		
Limoges (Bénédictins).............	8 36							
	soir		soir	soir	soir	soir		

(C) Le train 1704 n'a lieu entre Angoulême et La Rochefoucauld que les jours de foire à Angoulême et à La Rochefoucauld entre Angoulême que les jours de foire à Chasseneuil, et entre Chabanais et Angoulême que les jours de foire à Chabanais.

CABINET D CHIRURGIE

ET DE PROTHÈ E DENTAIRES

E. B CQUE

LIMOGES, 8, Rue G ignolle, LIMOGES

REMPLACEMENT DES DENTS

SPÉCIALITÉ de DENTIERS COMPLETS et appareils partiels à bases en or et en CAOUTCHOUC ROSE à SUCCION (sans crochets ni ligature) et de tous SYSTEMES, posés sans douleur avec ou sans EXTRACTION DE RACINE.

Ce nouveau système de **Dentiers** *à succion, d'une légèreté et d'une solidité complètes, assure le fonctionnement parfait de la mastication et de la parole, et supprime tous les inconvénients des* **procédés anciens.**

MAUX DE DENTS

guéris instantanément par le

SICCATIF DENTAIRE BACQUE

Vingt-cinq années d'un succès toujours croissant de cette préparation constatée par les nombreuses attestations que reçoit journellement M. **BACQUE** de la part du **Corps médical,**

qui la recommande tout particulièrement, la fait rechercher par les personnes atteintes de **Névralgies dentaires.**

Envoi franco par la poste contre **2** fr. 80 en un mandat-poste ou timbres-poste adressés à :

M. BACQUE, 8, rue Gaignolle, LIMOGES

EXTRACTION DES DENTS

Sans douleur par l'anesthésie locale au

CHLORHYDRATE DE COCAINE

Consultations tous les jours, de 9 à 4 heures (dimanches et fêtes exceptés).

M. **BACQUE** est le dentiste de l'Hôpital civil et militaire de Limoges, du Lycée, du Collège Saint-Martial, du Grand Séminaire, de l'Association des Membres de l'enseignement, de l'Orphelinat, de l'Enseignement Primaire, de tous les établissements religieux et de charité de cette ville.

8, RUE GAIGNOLLE, LIMOGES

PAPETERIE
Louis MÉRIMÉE

65, rue de Paris, 65, LIMOGES

Reliure, Réglure, Registres, Cartonnage de toutes sortes
emballage et fin.

GRANDE FABRIQUE DE VOITURES
FAVRE

LIMOGES

Place du Champ de Foire, Avenue Saint-Surin et Rue Bernard-Palissy
60 Voitures neuves ou d'occasion de tous genres prête à livrer

---

ANÉMIE ET CHLOROSE
FLUEURS BLANCHES

Guérison assurée par L'ELIXIR HYPERTONIQUE BONNEL
Cette préparation est en même temps un tonique des plus
puissants.
Dépôt pour Limoges : Pharmacie MAURICE
Vente dans toutes les Bonnes Pharmacies

VENTES A LA COMMISSION

Depuis 28 ans, M. François-Lucien CHÉYROU. de Champagnac (Haute-Vienne), représente des maisons de 1er ordre pour les vins de France et de l'étranger ; les Cidres, Cognacs, Rhums, denrées coloniales.

Étant ainsi l'intermédiaire entre le producteur et le négociant, ou le consommateur, on aura toujours intérêt à s'adresser à lui.

Agence générale de l'arrondissement de Bellac
Bureau du DORAT

LE SOLEIL

Compagnie fondée en 1829

ssurances à primes fixes contre l'INCENDIE

Capital social, Fonds de primes et réserves : **85 Millions**

SOLEIL-INCENDIE a payé pour plus de 100 Millions de dommages

A CONFIANCE

Compagnie anonyme d'assurances à primes fixes
CONTRE LA GRÊLE
Capital social : SIX MILLIONS de francs

Avis important

Depuis sa fondation, LA CONFIANCE a payé à 116.000 propriétaires plus de NEUF MILLIONS SIX CENTS MILLE FRANCS, représentant le montant intégral des pertes constatées. En cas de sinistres, les dommages sont réglés de gré à gré ou alués par les experts. Après le règlement, l'indemnité fixée est yée immédiatement et intégralement.

Ne pas confondre LA CONFIANCE (Grêle), compagnie d'assurances à primes fixes, avec les sociétés d'assurances mutuelles, ont la cotisation est variable, et l'indemnité trop souvent un ividende.

S'adresser à M. E. PERRIN, agent général, Le Dorat (Haute-Vienne).

CRÉDIT LYONNAIS

Société Anonyme, Fondée en 1863
Capital Social : 200 MILLIONS DE FRANCS

AGENCE DE LIMOGES
10, Boulevard de la Pyramide, 10

SOUS-AGENCE A PÉRIGUEUX

Chacun des Sièges du Crédit Lyonnais se charge pour le compte de Commerçants comme pour celui de Rentiers, de toutes les opérations de banque, notamment :

Ouverture de Comptes-Courants.

Escompte et Recouvrement du papier de commerce sur la France et sur tous les pays étrangers, escompte de Warrants.

Emissions de Chèques, traites et lettres de Crédits sur toutes les villes de France et de l'Etranger.

Service de Caisse (Chèques, domiciliations, etc.), moyennant provision rapportant intérèt.

Crédit par acceptation ou par Caisse, aux clients d'escompte.

Vente et achat de monnaies, ou billets de banque étrangers, de matières d'or et d'argent.

Payements à domicile, telégraphiques ou non, en France, et au dehors.

Exécution des ordres de Bourse en France et sur les marchés étrangers. En France sans autre courtage que celui de l'agent de change.

Vente sans frais (livraison immédiate) d'Obligations des Compagnies de Chemins de fer, au même prix que les Compagnies.

CRÉDIT LYONNAIS

Société Anonyme, Fondée en 1863

Capital Social : 200 MILLIONS DE FRANCS

AGENCE DE LIMOGES

10, Boulevard de la Pyramide, 10

SOUS-AGENCE A PÉRIGUEUX

Garde de Titres (achetés ou déposés) dans les coffres-forts du caveau de l'Agence ou du Siège de Paris, location de coffres (entiers ou partiels) et garde de valeurs, bijoux, argenterie, etc., dans les caves du Siège de Paris.

Régularisation de Titres, versements, libérations, échanges, renouvellements, conversions et transferts, productions aux faillites. Remboursement de tous titres sortis aux tirages.

Souscriptions sans frais à tous emprunts de Départements, de Villes ou de Compagnies et Sociétés.

Renseignements financiers et industriels.

Prêts sur Titres français ou étrangers, au même taux d'intérêt que la Banque de France et une commission variable suivant la nature des titres.

Escomptes de tous coupons, de titres remboursables français ou étrangers.

Payement immédiat et sans frais des Coupons des rentes Françaises, — des Obligations de la Ville de Paris, des Actions et Obligations des Compagnies de Paris-Lyon-Méditerranée, Ouest, Est, Midi et Orléans, et d'autres Sociétés de Chemins de fer, de Banque, etc. etc.

Dépôt de Fonds à échéance, à divers taux.

SAILLAT-CHASSENON — ROCHECHOUART ET BUSSIÈRE-GALANT

Prix des Places			STATIONS	2981 MIXTE. 1.2.3.	1745 OMNIB. 1.2.3.	1747 OMNIB. 1.2.3.		
1re cl.	2e cl.	3e cl.						
fr. c.	fr. c.	fr. c.		matin	soir	soir		
»	»	»	Saillat-Chassenon.........	7 05	1 45	6 20		
0 85	0 65	0 45	Rochechouart...............	7 42	2 10	6 41		
2 05	1 55	1 15	St-Laurent-St-Auvent............	8 11	2 27	6 58		
3 05	2 30	1 70	Oradour-sur-Vayres............	8 37	2 44	7 13		
3 30	2 45	1 80	Champagnac...............	8 53	2 58	7 21		
4 05	3 00	2 25	Champsac...............	9 17	3 08	7 34		
4 65	3 50	2 55	Châlus...............	9 41	3 23	7 49		
5 55	4 15	3 00	Bussière-Galant............	10 05	3 41	8 06		

BUSSIÈRE-GALANT — ROCHECHOUART ET SAILLAT-CHASSENON

STATIONS	1712 OMNIB. 1.2.3. matin	2982 MIXTE 1.2.3. matin	1746 OMNIB. 1.2.3. soir
Bussière-Galant...........	4 45	10 35	4 00
Châlus.....................	5 00	11 02	4 16
Champsac...................	5 11	11 18	4 28
Champagnac.................	5 23	11 42	4 41
Oradour-sur-Vayres.........	5 39	11 58	4 49
St-Laurent-sur-Gorre.......	5 43	midi 18	5 02
Rochechouart..............	6 03	» 46	5 19
Saillat-Chassenon..........	6 20	1 04	5 36

HORLOGERIE, BIJOUTERIE

JOAILLERIE, ORFÈVRERIE

Acault & Lombard

13, rue du Clocher, LIMOGES

Bronze d'art	*Bijoux riches*
Garniture de cheminées	*Fantaisie or et argent*
en bronze, en marbre	*Bijoux de deuil*
et en cuivre	*Grand*
Articles pour fumeurs	*Choix pour Mariages*
Emaux, Cristaux	*Horlogerie*
Maroquinerie, Éventails	*de précision, Chronomètres*
Objets de fantaisie	*Chronographes, Quantièmes*

RÉPARATIONS SOIGNÉES EN HORLOGERIE & BIJOUTERIE

Lotion Marcellein

CONTRE LE PIÉTIN

Cette préparation se recommande à tous les éleveurs par son efficacité réelle et prompte.

Un seul pansement bien opéré suffit pour guérir radicalement et sans rechute toutes les boîteries des bêtes à laine.

2 francs le flacon avec l'instruction

DÉPOTS

Eymoutiers, pharmacie **Marcellein** ;
Limoges, pharmacie **Peyrusson** ;
St-Léonard, pharmacie **Lacoussière** ;
Châteauneuf, pharmacie **Sénamaud**.

Et dans toutes les bonnes pharmacies

14ᵉ Année   **Cinq Centimes**   14ᵉ Année

L'Abeille de la Creuse

Organe des Intérêts conservateurs du département

Politique, Quotidien

ABONNEMENTS

	Un an	Six mois	Trois mois
Creuse, Cher, Allier.	15 fr.	8 fr.	4 fr.
Le reste de la France.	24	12	6

ANNONCES

Annonces, la ligne. . . . . . , ...	20 centimes
Réclames (Corps du journal).	30

Les annonces sont reçues au bureau de la direction de l'*Abeille de la Creuse*,
à Montluçon, et au bureau du Journal, à Guéret.
Et chez MM. L. AUDBOURG et Cie, 10, place de la Bourse, Paris.

Adresser tout ce qui concerne la rédaction et l'administration au Directeur
du Journal, à Montluçon (Allier).

SÉNATEURS DE LA HAUTE-VIENNE

M. Teisserenc de Bort.
M. René Pénicaud.
M. le docteur Jules Donnet.

DÉPUTÉS DE LA HAUTE-VIENNE

Georges Le Veillé, député de Limoges. — 78, rue de Passy, Paris
Henri Lavertujon, député de Saint-Yrieix.
Louis Gotteron, député de la 2ᵉ circonscription de Limoges.
Claude Léouzon-Leduc, député de Rochechouart. — 6, rue de
    Seine, Paris.
Henri Vacherie, député de Bellac. — Hôtel des Arts, Cité
    Bergère, Paris.

PRÉFECTURE DE LA HAUTE-VIENNE

Le Préfet reçoit les lundi, jeudi et samedi, de 10 h. à midi, et de 2 à 4 heures du soir.

MM. les Maires, les Conseillers généraux et d'arrondissements et les chefs de service sont reçus les jeudis.

En dehors de ces audiences régulières, des audiences exceptionnelles sont accordées sur demandes adressées au cabinet.

Préfet du département, M. FAURE.

Secrétaire général de la Préfecture, M. L. Mantin, avenue
    de Juillet, 38 bis.

Bureaux de la Préfecture. — Les bureaux de la Préfecture sont ouverts au public de 9 heures du matin à 4 heures du soir.

Conseil de Préfecture

Audience publique le mercredi de chaque semaine, à une heure

La salle des séances et le greffe du Conseil de préfecture sont dans l'ancien Palais de Justice, place de la Préfecture.

Secrétaire-Greffier du Conseil de Préfecture, M. Vigneron, avenue Saint-Surin. (Réclamations pour impôts).

Service des enfants assistés et des établissements de bienfaisance, bureaux : place de la Préfecture.

Inspecteur, M. Pouyat, rue du Pont St-Martial, 73.
Sous-Inspecteur, M. Vollant, nouvelle route d'Aixe, 24.

MAIRIE DE LIMOGES

Maire, M. LABUSSIÈRE (Emile), rue Théodore Bac, 15.

Adjoints. — MM. Pillault, rue du Consulat, 1 ; Fayout, avenue des Bénédictins, 25 ; Béchade, place Haute-Vienne ; Taillefer, place des Bancs, 4.

SECTION DE LANDOUGE, *Adjoint spécial,* M. Despages, au Masneuf, commune de Landouge.

Bureaux de la Mairie. — Les bureaux de la Mairie sont ouverts tous les jours, de 9 h. du matin à 5 h. du soir.

Secrétaire en chef, M. Martineau (Albert).

Secrétariat, M. Benoist.

Contributions. — M. Coudert.

Affaires militaires. — M. Croisille.

État-Civil. — M. Bouteilloux.

Travaux publics. — VOIERIE, EAU, ECLAIRAGE. — *Ingénieur-voyer,* M. Maître. — VOIRIE URBAINE ; *chef de bureau,* M. Granet. — VOIRIE VICINALE ; *chef de bureau,* M. Chénieux. — EAU ET GAZ ; *chef de bureau,* M. Maury.

Architecte de la ville, M. Ferrand.

Architecte adjoint, M. Marsaudon, chef de bureau.

Caisse municipale. — M. Brisset, receveur, avenue du Champ de Juillet, 10.

Police municipale. — *Commissaire central de police,* M. Boissière, rue Cruveilher, 5 *bis.*

1er *Arrond. de police,* M. Doux, commiss., pl. du P.-Public.

2e *Arrondissement,* M. Audierne de St-Hilaire, commiss., 10, route de Paris.

3e *Arrondissement,* M. Piquot, commiss., place Manigne, 7.

4e *Arrondissement,* M. Caunes, commiss., faubourg du Pont-Neuf, 35.

Médecins du dispensaire, MM. Dubois, rue du Consulat, 9, et Boudet, rue Sainte-Valérie, 1.

Pompes funèbres. — *Représentant à Limoges*, M. Lavalard, cours Bugeaud, 29.

Cimetière. — Le cimetière est ouvert en hiver : à 7 h. du matin et fermé à 5 h. du soir ; en été : ouvert à 6 h. du matin et fermé à 8 h. du soir.

COUR D'APPEL DE LIMOGES

Premier Président, M. Oger du ROCHER, avenue du Midi, 11, *Président de Chambre*, M. Tunis, rue Léonard-Limosin, 3.

Parquet de la Cour. — *Procureur général*, M. Baudouin, avenue de Juillet, 34. — *Avocat général*, M. Pironneau, avenue Foucaud, 10. — *Substitut*, M. Giaccobbi. — *Greffier en chef*, M. David, avenue Saint-Éloi. — *Commis-Greffiers*, MM. Savoyaud, rue de la Céramique. — Debay, rue Sainte-Valérie, 30.

Le greffe est ouvert tous les jours non fériés, de 9 heures du matin à 4 heures du soir.

Bibliothécaire de la Cour, M. Jeanton-Lamarche, à la Roche-au-Go, 4.

Secrétaire du parquet, M. Auzeméry, rue des Petites-Pousses, 16.

Tableau de l'ordre des avocats près la Cour d'Appel
Avocats inscrits au Tableau,
MM. Chouffour, Pinot de Moira, Malevergne de Lafaye, Patapy, Delignat-Lavaud, Nicard des Rieux, Cousseyroux, Coulaud-Dutheil, Mazeron, Baju, Clappier, Beaure d'Augères, Fage, Pénicaud (René), Bonnet - Laborderie, Gotteron, Breuilh, Duteillet, Mignot (Th.), Moufle, Dumont Saint-Priest (Henri), De Labroulie de Laborderie, de Bruchard, Rogier (G.), Garrigou-Lagrange, Gérardin, Maurat-Ballange, Mariaux, Laver-

gnolle, Chaussade, Charreyron, Lamy de la Chapelle, Dartige, Delignat-Lavaud (A.), Dumont Saint-Priest (Albert), Busson-Lavallière, Berthet, Lamy de la Chapelle (Charles), Ledot, Fayout, Fabre, Demartial, Dayras, de Lagasnerie, Dubois, Servois, Chabrouillaud, Savodin, Declareuil, Fourest.

Avocats stagiaires. — MM. Vergniaud, Pinelli, Barctaud, Hervy, Puinesges, Rogues de Fursac, Texier, Champcommunal, Chapoulaud, Demartial, Oger du Rocher (J.), Prudhomme.

Avoués près la Cour d'Appel. — MM. Bletterie (de), Delcaire, Delouis, Gadon, Louvet, Merlin-Lemas, Tanchon, Villemaud.

Assistance judiciaire, près la Cour d'appel. — *Président,* M. Pinot de Moirat, avocat.

___

Tribunal de première instance de Limoges

Président, M. Gilbert ; *Président honoraire,* M. Lageon ; *Vice-Président,* M. Meunier-Quinsac ; *Juge d'instruction,* M. Dessales ; *Juges,* MM. Latrille, Lepetit ; *Juges aux ordres,* Favre, Couronnet. *Juges suppléants,* MM. Martin, Gisbert.

Parquet du tribunal. — *Procureur de la République,* M. Meynieux ; *Substituts,* MM. Le Huérou-Kérisel, Mazeaud ; *Secrétaire du Parquet,* M. Malamas ; *Greffier en chef,* M. Vouzelle ; *Commis-Greffiers,* MM. Dauvergne, Dutournier, Tricaud.

Le Tribunal de première instance de Limoges se divise en deux chambres

PREMIÈRE CHAMBRE

Les audiences de la première chambre sont civiles, et se tiennent les jeudi, vendredi et samedi, à midi.

DEUXIÈME CHAMBRE

Les audiences de la deuxième chambre sont correctionnelles les lundis ; — civiles les mardis ; des criées et correctionnelles les mercredis, à midi.

Assistance judiciaire, près le tribunal Civil. — *Président,* M. Beaure d'Augère, avocat.

Avoués près le Tribunal. — MM. Bouchaud du Mazeaubrun, Broussaud, Chaisemartin, Dayras, Garrigou-Lagrange, Jouhanneaud, Lyon, Pellet, Rattier, Soulignac, Montagne.

Juges de paix. — (CANTON NORD). MM. Faucher, *juge de paix ;* Broussaud et Villemaud, *suppléants.* — *Greffier,* M. Duplantier. — *Huissier,* M. Boulesteix.

(CANTON SUD). MM. Fourest, *juge de paix* ; Nassans père, Pinot de Moira, *suppléants.* — *Greffier*, M. Mignot. — *Huissier*, M. Ramnoux.

Notaires de Limoges. — MM. Basset, Billard, Delouis, Grenouillet-Mavaleix, Malaud, Mignot, Nassans fils, Thézard.

Les études des notaires de Limoges sont fermées les dimanches et jours fériés

Huissiers de Limoges. — MM. Besnard, Bonjour jeune, Boulesteix, Brissaud, Duntény, Malamas, Pageot, Petit, Ramnoux.

Commissaires-priseurs, MM. Simon, Letarouilly.

DIOCÈSE DE LIMOGES

Mgr Firmin-Léon-Joseph RENOUARD, nommé à l'évêché de Limoges, par décret du 29 février 1888. — Monseigneur reçoit tous les jours, dimanches et fêtes excepté de 10 h. à midi et de 2 h. à 4 h. *Vicaires généraux :* MM. Gilbert, boulevard de la Cité, 8 ; Lartisien à l'Evêché. — *Secrétaires généraux :* MM. Ardant et Coffre à l'Evêché. — *Paroisses :* CATHÉDRALE-ST-ÉTIENNE, M. Leclerc, curé-archiprêtre, place Jourdan. — ST-PIERRE, M. Delor, curé-doyen de 1ro classe, place Fournier. — ST-MICHEL-DES-LIONS, M. Pinot, curé-doyen de 1re classe. — STE-MARIE, M. Dumilieu, curé de 2e classe, rue de l'Hôpital, 1. — ST-JOSEPH, M. Laplagne, curé, route de Paris, 19. — SACRÉ-CŒUR, M. Maublanc, curé, rue des Argentiers, 9. — STE-VALÉRIE, M. F. Labrousse, curé, au Clos Jargot. — ST-MARTIAL, M. Grand curé.

12ᵉ CORPS D'ARMÉE

M. DE LAUNAY, Général commandant en chef le 12° corps d'armée. — Général RENAUD, commandant la 23ᵒ division d'Infanterie. — Général SAVIN DE LARCLAUSE, commandant la 24ᵒ Brigade d'Infanterie. — Général MICHAUD, commandant la 46ᵒ Brigade d'Infanterie. — Général PRUD'HOMME, commandant la 47° Brigade d'Infanterie. — Général RIFF, commandant la 45° Brigade d'Infanterie. — Général SÉARD, commandant la division d'Artillerie.

Intendance. — *Intendant-Directeur :* M. MOUNIER.

ADMINISTRATION FINANCIÈRE

Trésorerie Générale de la Hte-Vienne, Cours Gay-Lussac, 46. — *Trésorier-payeur-général,* M. Dumonteil. — *Chef des bureaux,* M. Parot.

Percepteurs de Limoges. — *1re division, nord,* M. Gignoux, rue Arbonneau, 7. — *2° subdivision, nord,* M. Rousselet, cours Vergniaud, 3.

Contributions Directes. — *Directeur,* M. Desjobert, avenue des Bénédictins, 8, bureaux même adresse.

Contributions Indirectes. — *Directeur,* M. Varaigne, avenue Garibaldi, 22, bureaux même adresse, ouverts tous les jours non fériés de 8 h. à 11 h. 1/2 du matin et de 1 h. à 4 h. 1/2 du soir.

Enregistrement et Domaines. — *Directeur,* M. Poisson, boulevard de la Cité, 10, bureaux au 2° étage.

Conservateur des Hypothèques, M. Demartial, 12, rue Péliniaud-Beaupeyrat.

Receveurs de l'Enregistrement. — *Actes civils,* M. Brissaud, rue d'Aguesseau, 8. — *Baux, locations verbales, successions et domaines,* M. Darnal, 10, faubourg des Arènes, 10. — *Actes judiciaires.* M. Lagrange, avenue de la Gare, 5. — *Actes extra-judiciaires, et timbre extraordinaire,* M. Demangeon, cours Jourdan, 13.

INSTRUCTION PUBLIQUE

La Haute-Vienne fait partie de l'Académie de Poitiers.

Recteur, M. Chaignet, correspondant de l'institut à Poitiers

Les bureaux de l'inspection, place de la Préfecture, sont ouverts de 9 h. à midi et de 2 à 4 h. 30 du soir, excepté les dimanches et jours de fête. *Inspecteur d'académie*, M. Istria, avenue de Juillet, 38 *bis*. *Secrétaire*. M. Debord, rue des Arènes, 19.

Enseignement supérieur

Ecole préparatoire de Médecine et de Pharmacie, directeur, M. E. Raymondaud, faubourg Manigne, 8. *Directeur honoraire*, M. Astier, Rue Pont-Hérisson, 8. *Secrétaire*, M. Pillault, rue du Consulat, 1.

Enseignement secondaire

Lycée national. *Proviseur*, M. Subé. *Censeur*, M. Druon. *Econome*, M. Cabannes. *Aumônier*, M. Labetoulle, chanoine honoraire.

Ecoles privées (secondaires). — M. Barbaud, rue Dalesme, 3. — *Ecole Turgot*, dirigée par M. de la Combe, 7, rue des Combes. — *Ecole Saint-Martial*, rue des Argentiers, 6, M. l'abbé Goyet, supérieur.

Enseignement primaire

Ecole normale d'instituteurs de Limoges, à Bellecoue (banlieue), M. Jeannot, directeur. — *Ecole Normale d'institutrices de Limoges*, ancienne route d'Aixe, Mme Rambault-Martellière, directrice. — *Ecole supérieure et professionnelle de Limoges*, place de l'ancienne Comédie, 10, M. Frayssinet, directeur. — *Ecole municipale des Sourds et Muets*, rue des Combes, M. Camaillac, directeur; M. Jules Beaubrun, médecin. — *Ecole municipale d'aveugles*, place du Champ de foire, M. Coudert, directeur; M. Jules Beaubrun, médecin.

Instituteurs libres élémentaires de Limoges. — Pensionnat primaire supérieur de Saint-Joseph, rue des Argentiers, dirigé par les frères des Ecoles chrétiennes. — *Ecole Saint-Firmin*, avenue St-Surin. — *Ecole Saint-Etienne*, place de l'Evécaud. — *Ecole Sainte-Marie*, rue des Carmélites. Toutes ces écoles sont dirigées par des Frères des Ecoles Chrétiennes.

Institutrices libres élémentaires à Limoges, tenant pensionnat. — *Sœurs de la Croix*, rue de l'ancienne Comédie. —

Filles de Notre-Dame, rue Pétiniaud Beaupeyrat. — *Sœurs de la Providence,* Boulevard de la Cité. — *Sœurs de Nevers,* rue des Sœurs de la Rivière. — *Sœurs de la Visitation,* boulevard des Petits Carmes. — *Sœurs du Sauveur,* rue du Pont Saint-Martial. — *Mlle Labidoire,* faubourg des Arènes, 21. — *Mme Coste,* Nouvelle route d'Aixe.

Ecoles communales de garçons à Limoges. — *Ecole de la Monnaie,* rue Ste-Valérie ; *de Montmailler,* rue des Anglais ; *des Feuillants,* rue des Feuillants ; *de l'ancienne route d'Aixe ; de la Société Immobilière ; de Saint-Martial,* à la Croix de Landouge ; *de l'Hôtel de Ville,* rue de l'Hôpital ; *du Pont Saint-Étienne ; du Pont-Neuf ; de Montjovis ; de la rue Aigueperse.*

Ecole communale de filles. — *Du Portail-Imbert ; de Montmailler,* rue des Anglais ; *du Chinchauvaud,* 3, route d'Ambazac ; *de l'Hôtel de Ville,* rue des Carmélites ; *de la Vieille-route-d'Aixe,* vieille route d'Aixe, 58 ; *du faubourg du Pont-Neuf ; de la Société Immobilière ; de Saint-Martial,* à la Croix de Landouge ; *du boulevard de la Pyramide : du faubourg de Paris ; du boulevard des Petits-Carmes ; du Pont Saint-Martial ; de Montjovis.*

Ecoles maternelles communales à Limoges. — *Hôtel de Ville ; Pénitents-Blancs ; Montmailler : ancienne route d'Aixe ; Monjovis ; Pont Saint-Martial ; route de Paris ; du pont-Neuf ; du boulevard de la Pyramide.*

Ecole maternelle privée. — *Sœurs de Saint-Alexis,* à l'hospice de Limoges.

POSTES ET TÉLÉGRAPHES

Directeur des Postes et Télégraphes de la Haute-Vienne. — M. Azéma, rue Manigne, 20.

Recette principale des Postes et Télégraphes. — Boulevard de la Pyramide, 7.

Bureaux ouverts de 7 h. du matin à 9 h. du soir, du 1er avril au 1er novembre ; de 8 h. du matin à 9 h. du soir le reste de l'année. — Le guichet du télégraphe, placé au 1er étage, de 9 h. du soir à minuit.

Heures des levées des lettres à Limoges. — MATIN :
1 h. 45, Paris, Nord, Est, Moulins, Lyon.

2 h. 10, Ligne de Toulouse. — 2 h. 55, Lignes d'Agen, Bordeaux, Clermont-Ferrand. — 3 h. 30, Ligne de Poitiers, Saint-Germain, Magnac-Bourg, Pierrebuffière. — 4 h. 20, Charente, Charente-Inférieure, ligne de Saillat à Bussière-Galant. — 5 h. 15, Ambazac, La Jonchère. — 5 h. 50, Solignac.

Banlieue de Limoges : Eté, 5 h. 55 m. ; Hiver, 6 h. 25 m.

Limoges : Eté, 6 h. 55 m. ; Hiver, 7 h. 25 m.

7 h. 55, Lignes de Paris et Toulouse, Nord, Est, Tulle et Rodez. — 8 h. 45, Ligne d'Agen. — 9 h. 15, Ligne de Clermont. — 10 h. 05, Limoges.

SOIR : 12 h. 15, Charente, Charente-Inférieure, ligne de Saillat à Bussière-Galant. — 12 h. 15, Lignes de Poitiers, Guéret, Montluçon et Moulins. — 2 h. 15, Ligne du Midi, Châteauneuf, Linards, Saint-Paul-d'Eyjeaux. — 3 h. 30, Lyon, Clermont-Ferrand, Ambazac, La Jonchère. — 4 h. 05, Limoges. — 4 h. 25, Charente, Charente-Inférieure, ligne de Saillat à Bussière-Galant. — 5 h. Lignes de Poitiers, Ouest, Sud-Ouest. — 9 h. 15, Paris, Nord, Est, Ouest, St-Sulpice-les-Feuilles, Arnac-la-Poste, Lussac-les-Eglises.

GARE DES BÉNÉDICTINS

Cie du Chemin de fer d'Orléans, place Whalhubert, 1, à Paris.
Directeur M. Heurteau.

Gare des Bénédictins. — *Chef de gare*, M. Perrain, à la Gare. — *Sous-chefs de gare*, MM. Suppligeon et Job (voyageurs) ; Emangeard Laporte (marchandises). — *Caissier principal*, M. Lagraisse. — *Receveur aux voyageurs*, M. Maury.

Gare de Montjovis. — *Chef de gare*, M. Montauzon. — *Sous-chefs*, MM. Robert et Salomon (voyageurs). — *Chef des bureaux de la petite vitesse*, M. Suzini. — *Caissier*, M. Higonenq. — *Receveur aux voyageurs*, M. Quignon.

Bureau Central. — pour les marchandises grande vitesse, place du Poids-Public, 10. *Chef de bureau*, M. Lijeard.

DIVERS

Hospice civil et militaire, *place de la Mairie.* — Ouvert au public : le jeudi, de 2 h. à 3 h. du soir, et le dimanche, de 10 h. à 11 h. du matin et de 3 à 4 h. du soir, tous les jours de 1 à 4 h. pour les étrangers.

Secrétaire en chef, M. Morel, rue Mirabeau, 1.

Médecins titulaires, MM. Lemaistre aîné, Boudet, Raymondaud père, Bleynie Louis, Dubois, Raymond, Chénieux, Lemaistre Justin, Raymondaud fils.

Les médecins de service se trouvent tous les jours à l'hospice, de 8 à 11 h. du matin.

Asile public d'Aliénés à Naugeat

Directeur médecin en chef, M. le Dr Doursout. *Médecin-adjoint,* M. A. Mandou. *Receveur,* M. Boiron. *Econome,* M. Lorgue. *Secrétaire,* M. Loupias. *Aumônier,* M. l'abbé Carrière.

Musée National Adrien Dubouché, Place du Champ-de-foire, *Directeur :* M. A. Louvrier de Lajolais.

Le musée céramique est ouvert au public les jeudis, dimanches et fêtes, de midi à 4 h. en hiver, et de midi à 5 h. en été. Les étrangers peuvent visiter le musée tous les jours en demandant l'autorisation à l'administration.

Journaux de Limoges

La *Gazette du Centre,* seul journal quotidien indépendant ; le *Courrier du Centre,* quotidien ; le *Petit Centre,* quotidien ; le *Moniteur de la Haute-Vienne,* journal des campagnes, paraissant deux fois par semaine, le jeudi et le dimanche, le meilleur marché de tous les journaux, 5 fr. par an ; l'*Echo du Centre,* hebdomadaire ; le *Réveil Limousin,* hebdomadaire ; la *Semaine Religieuse,* hebdomadaire ; Le *Gay-Lussac,* mensuel.

Théâtre de Limoges. — *Directeur,* M. Bourdette, — Représentations d'opéras-comiques, opérettes, comédies ou drames. Les dimanche, mardi, jeudi et samedi.

Alcazar. — Boulevard Montmailler. *Directeur,* M. Garemin. Concert tous les soirs.

ARRONDISSEMENT DE BELLAC

Sous-préfet, M. D'Hubert.

Maire de Bellac, M. de Gouttepagnon. — *Adjoints,* MM. Tardy et Plagnaud.

Tribunal de Bellac. — *Président,* M. Feydeau. — *Juge,* M. Laporte. — *Juge d'instruction,* M. Branchaud. — *Juge suppléant,* M. Mativat. — *Procureur de la République,* M. Rigaud. — *Greffier,* M. Péricat. — *Commis-greffiers,* MM. Papon et Tournois.

Les audiences du tribunal ont lieu, pour les affaires ordinaires et sommaires, le jeudi; — pour les affaires correctionnelles, commerciales et les ventes judiciaires, le samedi.

Avocats. — MM. de Gouttepagnon, Mativat (Adolphe), Cantillon de Lacouture (H.), Gravelat, Robert Cantillon de Lacouture (stagiaire).

Avoués. — MM. Héliot, Gaullier, Lafleur-Laguérenne.

Notaires. — MM. Dumas, Mallet, Coldebœuf.

Huissiers. — MM. Depardoux, Parvy, Coulloux, Doucet.

Juge de paix. — M. Coudamy.

ARRONDISSEMENT DE ROCHECHOUART

Sous-préfet, M. de Labrunye.

Maire de Rochechouart, M. Marquet. — *Adjoints,* MM. Pouliot, Boisramet.

Tribunal de Rochechouart. — *Président,* M. Charrière. — *Juge d'instruction,* M. Roublin. — *Juge,* M. Betan. — *Procureur de la République,* M. A. Villemaud. — *Greffier,* M. Mattey. — *Commis-greffiers,* MM. Marguiller et Christophe.

Jours d'audience. — Jeudi et vendredi pour les affaires ordinaires et sommaires, Vendredi pour les affaires commerciales, Samedi pour la correctionnelle et les ventes judiciaires.

Notaires. — MM. Deschamps et Ducluzeaud.

Avoués. — MM. Boisramet, Durieux, Martin et Deschamps

Avocats. — M. Soury de Lavergne.

Huissiers. — MM. Boulesteix, Veyvinaud, Pelletingeas.

Juge de paix. — M. Chassaing.

SAINT-JUNIEN

Maire de Saint-Junien, M. Lucien Dumas. — *Adjoints*, MM Boudy, Dubant.

Notaires. — MM. Robert, Merlo.

Huissiers. — MM. Bernard et Marguiller.

Juge de paix. — M. Pingaud.

ARRONDISSEMENT DE SAINT-YRIEIX

Sous-préfet, M. Raynard.

Maire de St-Yrieix, M. Valluaud. — *Adjoints*, MM. Escorne, Prévost.

Tribunal de St-Yrieix. — *Président*, M. Sénémaud. — *Juge d'instruction*, M. Abrias. — *Juge*, M. Rigal. — *Procureur de la République*, M. Sautereau — *Greffier*, M. Bayle. — *Commis-Greffier*, M. La Roche-Lambert.

Jours d'audience. — Mercredi les ventes judiciaires et commerciales, Jeudi pour la correctionnelle.

Notaires. — MM. Valluaud, Glangeaud, Boutaud-Lacombe.

Avoués. — MM. Papel, Lacoste, Bayle, Roudaud.

Avocats. — MM. Boudaud, Bayle fils, Lacoste fils.

Huissiers. — MM. Dufour, Pradeau, Colin, Laforest.

Juge de paix. — M. Saraudy.

VOITURES PUBLIQUES

Messageries BARDON, bureau boulevard du Collège, en face le Lycée

Solignac, Le Vigen. — Départs de Limoges : 6 h. matin ; 3 h. 45 soir. — Départs de Solignac : 7 h. 1/2 matin ; 7 h. 1/2 soir.

St-Germain, Pierrebuffière, Magnac-Bourg. — Départs de Limoges : 4 h. matin ; 4 h. soir. — Départs de Magnac-Bourg : 5 h. matin ; 4 h. soir.

Pierrebuffière, Magnac-Bourg, Masseret, Uzerche. — Départ de Limoges : 4 h. soir ; Départ d'Uzerche : 3 h. matin.

St-Paul-d'Eyjeaux, Linards, Châteauneuf-la-Forêt. — Départ de Limoges : 3 h. soir ; Départ de Châteauneuf : 3 h. 1/2 matin.

St-Paul-d'Eyjeaux, Linards, La Croisille. — Départ de Limoges : 3 h. 3/4 matin. — Départ de La Croisille ; 4 h. soir

*Messageries BOISSIÈRE, bureau boulevard Gambetta,
Hôtel du Charriot d'Or*

Aixe, Séreilhac, St-Laurent. — Départs de Limoges : 4 h. et 6 h. soir. — Départs de St-Laurent : 7 h. et 11 h. matin.

Châlus. — Les mardi, jeudi et samedi de chaque semaine, départ de Limoges : 4 h. soir.

FOIRES ET MARCHÉS DE LA HAUTE-VIENNE

ARRONDISSEMENT DE LIMOGES

AIXE, 5 janv., 5 février, 3 août, 3 nov., le 2° mercredi de janvier et juillet, et le 2° jeudi des mois de février, mars, avril, mai, juin, août, septembre, octobre, novembre et décembre. *Marchés les dimanches et fêtes, le vendredi.* — AMBAZAC, 21 ch. m. *Marché, jeudi.*

Bersac, 14 ch. mois. — Billanges (les), 2° jeudi fév., avril, juin, août, octobre et décembre. — Bonnac, 13 de ch. mois. — Bujaleuf, dernier lundi ch. mois.

Châteauneuf, 10 ch. mois. *Marché dimanche.* - Couzeix, 1" jeudi de janv., fév., sept. oct. nov. déc. — Croisille (la), 18 ch. mois. —Domps, le 26 de chaque mois.

Eymoutiers, 1" jeudi chaque mois, 3° jeudi fév. et mars. *Marché samedi.* — Eyjeaux, mercredi saint, 11 mai, septembre, décembre.

Génértouse (la), à la Croix Ferrée 2° mercredi de janvier, février, mars, mai, sept. nov. déc. — Grammont (com. St-Sylvestre), *marché les mercredis de mai.* — Isle, 6 mars et 6 octobre. — Jonchère (la), 17 novembre, 18 des autres mois, *marché dimanche.* — Laurière, 22 ch. mois, 16 avril, 16 mai, 20 déc. foire grasse, *marché samedi.*

LIMOGES, dernier jeudi de ch. mois, excepté déc. reporté au 2° jeudi de janv., jeudi avant Rameaux 1" avril, 22 mai (St-Loup), 16 juin, pet. St-Martial). 2° jeudi de juillet, (grande St-Martial) 1" lundi ap. 13 octobre (St-Gérald) 18 nov., 28 déc. (des Innocents), Marché tous les jours. Marché aux chevaux à l'École de dressage, dernier jeudi de chaque mois. — Linards, 1" samedi chaque mois, excepté celle de juin qui se tient le 8, marchés dimanches. — Masléon. 3° jeudi de chaque mois.

Neddé, 25 janvier, février, mars, avril, mai, juin, juillet, août, septembre et octobre, 10 novembre, 23 décembre. — Neuvic, 3° mardi de chaque mois. — Nieul, 10 ch. mois Marché dimanche.

Panazol, 3° lundi de janv. fév. mars, oct., nov., et déc. — Peyrat-le-Château, 3° lundi chaque mois. — Peyrilhac, 24 ch. mois. — Pierrebuffière, 3° jeudi ch. mois ; ces foires se tiendront le 15 lorsque le 3° jeudi tombera le 16, excepté pour septembre et novembre qui, lorsque le 3° jeudi tombera le 18, se tiendront le 17. Marchés les vendredis et les mercredis avant mardi-gras·

St-Bonnet-la-Rivière, 8 de janvier, mars, mai, juillet, sept. et novembre. — St-Denis des-Murs, 3° samedi de chaque mois. — St-Genest, 11 chaque mois. — St-Hilaire Bonneval, 9 février, mars, avril, sept. novembre et décembre. — St-Jean-Ligoure, 2° lundi après Pâques, 1" juin, 30 août, 26 octobre, 14 décembre. — St-Jouvent, 2 janvier, février, mars, décembre. — St-Just, 13 janv., fév., mars, oct., nov., déc. — St-Léonard, 1" lundi de ch. m. et 22 janv. (St-Vincent). — St-Martin-le-Vieux. 18 ch. m. — St-Paul, 25 de ch. mois et le 26 si le 25 est un jeudi. — St-Priest-Taurion, 15 de ch. mois. — St-Sulpice-Laurière (à la gare), 6 de ch. mois. Marché le jeudi. — St-Sylvestre, 13 de ch. mois. — Sauviat, 2° lundi de ch. mois. Marché le dimanche. — Séreilhac, 1° merc. ch. m. — Solignac, 7 janvier, 1° jeudi de février, mars, avril, mai. oct. nov. et décembre. — Sussac, 23 de ch. m.

Verneuil, 1° merc. de ch. m. — Villeneuve (la), cóm. de Rempnat, 19 janv., 12 mars, lundi de Pâques, veille de l'Ascension, veille de la Fête-Dieu. 12 sept. 24 novembre.

ARRONDISSEMENT DE BELLAC

Arnac-la-Poste, 7 ch. mois, excepté celle de sept. qui se tient le 9. *Marché le vendredi.* —Azat-le-Riz, 3 janv., févr., mars, avril, nov. et déc.

Bellac, 1° de ch. mois, 11 mars et décembre, lundi après 8 sept. *Marché mercr. vend. sam. dim.* — Bessines, 11 de ch. mois et foirés gr. le 26 des mois de janv., févr., nov. et déc. *Marché le jeudi.* — Blond, 25 de ch. mois. — Bussière-Boffy, 23 de ch. mois. — Bussière-Poit., 5 ch. mois *Mar. mer.*

Châteauponsac, 3 de ch. m. et foires gr. le 15 des mois de janv., fev., mars et déc. (foire ancienne). *Marché le mardi.* — Chezeaux (les Grands), 2 fev., 1° mai, 19 juin, 7 sept., 25 oct., 26 déc. — Cieux, 28 des onze 1°° mois, 22 déc. — Compreignac, 8 de chaque mois, 26 janvier et déc. Marché le 8 et 3° vend. de ch. mois. — Cromac, 11 janv., mars, mai, août, sept. et oct.

Darnac, le 21 de chaque mois. — Dompierre, 9 de chaque mois. — Dorat (le), 13 de chaque mois et le 2° vend. après le 13 des mois de janv. nov. et déc. Marc. jeudi et dim. le lend. du conc" d'anim. de bouch., fin janvier. — Droux 7 de chaque mois. —

Folles, 16 janvier mars, juin, sept, déc — Fromental, 4 de ch. mois. — Lussac-les-Eglises, 6 janvier, févr., mars., avr., mai, juin., juill., sept., oct. nov. et 10 déc.

Mailhac, 18 avril, 18 août, 18 janvier. — Magnac-Laval, marché vendr. et dim. Les 22 de chaque mois depuis le 22 mars jusqu'au 22 novembre et les 8 des mois de janvier, février, mars et décembre. — Mézières, 10 de chaque mois. — Mortemart, 17 de chaque mois. — Morterolles, 21 fév., mars, avril, sept, nov. et décembre.

Nantiat 4 de ch. mois, 21 nov. Marchés 1° et 3° dim. du mois, vendredi de chaque semaine. — Nouic, dernier jour de ch. mois.

Rancon 18 de chaque mois. — Razès, 20 mai et le 23 de chacun des autres mois. Marc. le vend. — Roussac, 16 de ch. mois.

St-Barbant. le 16 des mois de fév., mars, avril, sept., oct. et nov. — St-Bonnet-de-Bellac, 23 chaque mois. — St-Georges-les-Landes, les 31 janvier. mars, mai, août, oct. et déc. — St-Hilaire-la-Treille, 21 des mois de janv. fév., mars, mai, sept et nov. — St-Léger-Magnazeix, 16 ch. mois, 26 mai, 3 décembre (grasse). — St-Pardoux, 6 de ch. mois. — St-Sornin-Leulac, 20 de ch. mois. — St-Sulpice-les-Feuilles, 21 de ch. mois, 5 déc. Marché le lundi.

ARRONDISSEMENT DE ROCHECHOUART

Champsac, les 22 avril et 22 août. — Champagnac, 15 chaque mois. — Chapelle Monbrandeix, (La), 1° sam. de janv mars et nov. — Cognac, 1° mardi de ch. mois. — Cussac, 21 ch. mois, excepté juin le 25. — Dournazac, 1° jeudi ch. mois. — Maisonnais, 9 de chaque mois. — Marval 1° mardi ch. mois.

Oradour-sur-Glane, 15 de ch. m. et le 6 janvier. Marchés dimanche avant 6 et 15 janv., et dimanche avant le 15 des autres mois. — Oradour-sur-Vayres, 8 ch. m. 25 nov. Marché les mardis. — Rochechouart, 26 de ch. mois. 3 fév. 10 déc. Marché le jeudi.

St-Junien, 20 de ch. m. et 10 janv. Marché le samedi. — St-Laurent-sur-Gorre, 23 de ch. m. excepté celles d'avril et de mai qui ont lieu le 17. Marc. le lundi. —

St-Mathieu, 31 janv., 11 août, 31 déc., 13 autres mois. Marché dernier mardi. — St-Victurnien, 1er jeudi ch. m. — Salles-Lavauguyon (les), 6. chaque m. — Vayres, 29 de chaque mois et le dernier jour de février.

ARRONDISSEMENT DE SAINT-YRIEIX

Bussière-Galant, 11 janvier, 17 fév., 11 mars et 17 octob., nov. et déc.

Car (les). 17 janv., 21 fév., 17 mars, 30 av., 4 sept., 1er déc. Marchés les jeudis du 1er décembre au 30 avril. — Chalard (le), 6 janv., mars et juill. — Châlus, 2 mars, 23 av., 30 sept. et le 1er vend. de chaq. m. sauf oct., 2e vend. Marché le vend. — Château-Chervix, 7 janv., fév., mars, nv., déc.. et 28 août. — Coussac-Bonneval, 18 de ch. m. plus le mardi avant le mardi-gras, la foire de sept. est fixée au 16 au lieu du 18. Marché le jeudi.

Flavignac, der. merc. de ch. m., 14 août. — Glanges, 9 fév., av., mai, août, sept. et nov. — Ladignac, 15 de ch. m. excepté celle de fév. qui se tient le jeudi avant les jours gras. Marché le dimanche.

Magnac-Bourg, 9 janvier, 3 fév., 25 mars, 11 mai, 22 juin, juill., août, 25 sept., 22 oct. et 11 nov. et 22 déc. — Meuzac, les 27 janv., fév., mars, avril, oct., nov., 23 déc. — Meyze (la), 10 janv., fév., mars, avril, mai, août, sept., oct., nov., 9 déc. Marc. le dim.

Nexon, 16 des m. de janv., fév., mars, avril. mai, juill., août, oct., nov. et déc., 25 janv., merc. après Pâques, 11 juin, 1er août, 1er et 18 sept. — Porcherie (la), 20 janv., 28 fév., 30 mars, 30 avr., 23 juin, 30 juill., 25 août, 30 sept., oct., nov. et déc., merc. après la Pentecôte.

Rilhac-Lastours, à Lastours, 27 janv., 11 fév., sept., oct., nov. et déc. — Roche-l'Abeille (la), 24 janv., fév., mars, avr., sept., oct., nov. et 19 déc.

St-Germain, 2 et 8 janv., 23 avril et 1er mardi des autres mois. Marc. le lundi et le jeudi. — St-Priest-Ligoure, 2 de ch. m. — St-Yrioix, 13 janv., samedi avant le sam. gras., merc. des Cend., 3e jeudi de carême, mardi des Rameaux, 3e lundi après Pâques, jeudi après Pentecôte, 26 juin, juill., août, 22 sept., 2e sam. d'oct., 6 et 22 nov., 10 et 23 déc. Marc. le sam. et 1er dim. — Vicq, 11 janv., fév., mars, avril, oct., nov. et déc. et jeudi avant le 2e dim. de mai,

---

MONUMENTS HISTORIQUES DU LIMOUSIN

Aixe. — Petite ville industrielle, avec la chapelle d'Arliquet, pèlerinage fréquenté. (Station du chemin de fer de Limoges à Angoulême).

Ambazac. — Dans l'église, très curieuse dalmatique de Saint-Etienne de Muret (XIIe siècle) et superbe châsse émaillée, une des plus grandes de la province. Ambazac station du chemin de fer de Limoges à Paris ; on peut aller à St-Sylvestre qui possède une œuvre d'art hors ligne la : tête-reliquaire, en argent repoussé, de St-Etienne de Muret, fondateur de l'ordre de Grandmont.

Bellac. — Eglise intéressante qui possède une châsse émaillée, d'un haut intérêt, (fin du XIe ou commencement du XIIe siècle). Station du chemin de fer de Limoges au Dorat.

Châlucet. — Restes de deux châteaux féodaux, des douzième et treizième siècles monument historique ; par Solignac que dessert une voiture publique.

Châlus. — Restes du château haut et du château bas de Châlus. (XII'-XI siècles), Vitraux, Reliquaires, Croix. Richard Cœur de Lion, roi d'Angleterre, reçut une blessure mortelle au siège de cette place, en 1199. (Station du chemin de fer de Saillat à Bussière-Galant.) On peut aller de Châlus visiter le curieux château de Montbru.

Coussac-Bonneval. — Château des XIV'-XVI' siècles, où est né le fameux pacha de Bonneval ; admirable tapisserie, curieuse lanterne des morts. Station du chemin de fer de Paris à Toulouse.

Eymoutiers. — Église style ogival, de plusieurs époques, avec de magnifiques verrières, croix reliquaires en filigrane et autres pièces d'orfèvrerie du quinzième siècle. Station du chemin de fer de Limoges à Clermont.

Le Dorat. — Belle église romane du XII' siècle, (mon. hist.) Station du chemin de fer.

Nexon. — Château avec écuries fort bien aménagées à M. le baron de Nexon. Église non sans intérêt avec curieux reliquaires, notamment buste en cuivre repoussé du quinzième siècle. Station du chemin de fer de Paris à Toulouse. A quelques kil. ruines du château de Lastours (douzième siècle).

Rochechouart. — Château féodal avec peintures du XV' siècle, (mon. hist.) Magnifique vue. Station du chemin de fer de Saillat à Bussière-Galant.

St-Junien. — Église de l'ancien monastère (XII' siècle.) Monument historique. Admirable tombeau sculpté de St-Junien, douzième siècle. Plaque tombale en bronze gravé (XVI' siècle). Église de Notre-Dame-du-Pont, où Louis XI vint en pèlerinage. Ermitage de Saint-Amand. Bords pittoresques de la Glane. Station du chemin de fer de Limoges à Angoulême.

Saint-Léonard. — Église romane du douzième siècle, avec un beau clocher récemment reconstruit. (Mon. hist.). Pont des XIII' et XIV' siècles. Station du chemin de fer de Limoges à Clermont.

St-Yrieix. — Église XII-XIII' siècles, monument historique. Reliquaires intéressants. Tour du Plot. Station du chemin de fer de Limoges à Toulouse. A quelques kilomètres ancien monastère de Chalard, église du XI' siècle, curieuse armoire, reste d'une belle châsse émaillée.

Solignac. — Église romano-byzantine à coupoles, du douzième siècle, avec parties plus anciennes. Monument historique. — Stalles sculptées et vitraux du XV' siècle, reliquaires intéressants. Voiture publique.

TABLE DE LA MARCHE DES TRAINS

9 782019 210816